一発で受かる！
最短で書ける！

昇任試験

合格論文の極意

工藤勝己
［著］

JN029259

学陽書房

はじめに

この "1冊" だけで

具体性・再現性を意識して「超具体的」に解説

　本書は、昇任試験における合格論文の書き方を「**超具体的**」に伝えるものです。**どのように考え、いかなる表現で、どうやって文章に落とし込めばよいのか。**序論から結論まで、その書き方をわかりやすく伝えています。本書で解説していることを実践すれば、誰でも合格論文が書けるように、「**具体性**」と「**再現性**」を強く意識して丁寧に解説しました。

論文を制する者は昇任試験を制す

　昇任試験の受験を決意した皆さんは、とても忙しい中で試験対策を行っていることでしょう。地方自治法や地方公務員法などの択一試験に加え、面接試験を課している自治体も多く、時間の捻出に苦労していることと思います。私自身も、そうでした。

　「択一の勉強に時間が必要だから、論文は後回しにしよう」と考えている人もいるかもしれません。しかし、ちょっと待ってください。

　昇任試験の合否は論文で決まる。そう言っても過言ではありません。なぜなら、論文試験ほど点数の差が大きくなるものはないからです。択一試験や面接試験の評価は「どんぐりの背比べ」なのに対し、合格者と不合格者では論文試験の評価に雲泥の差があります。つまり、論文を書けない人が択一試験と面接試験で満点を取ったとしても、決して合格することはできないのです。

　論文を制する者は昇任試験を制す。昇任試験の受験を決意した皆さんに、この言葉を贈るとともに、最短ルートでの合格を実現するために必要な論文作成の極意をお伝えしたいと思います。

合格論文が書ける！

三つの特長で受験者の合格をサポート

　どんなに経験や知識、熱意があっても、やみくもに自らの想いを綴るだけでは、合格論文にはなりません。採点官に納得・共感してもらい、合格点を付けてもらうためには、必須の「スキル」があります。そのスキルを皆さんに伝授するために、本書は次のような三つの特長を備えています。

①「何を書くか」を超えて、「どう書くか」を解説！

　昇任試験論文の形式的な書き方は決まっています。そのうえで、皆さんが知りたいのは、「どう書けばよいのか」。本書では、従来の解説書には載っていない、その他大勢から抜け出す秘訣に加え、ライバルたちに差をつける具体的な論述テクニックを余すことなく盛り込みました。

②ビフォー＆アフターでわかりやすい！

　本書では、受験者が実際に書いた論文の添削事例を多数紹介しています。採点官の鋭い視点でズバリ指摘し、どこをどう改善すればよいのか、なぜ改善する必要があったのかを明快に解説しています。

③厳選したＳランク合格論文を多数収録！

　頻出のテーマから時事的なテーマまで、出題が予想されるテーマの秀逸な論文を厳選して収録。本書で紹介したスキルを踏まえ、合格者がどのような切り口で、どのようなテクニックを駆使しているのかがつかめます。

　本書が、皆さんを合格へと導くナビゲーターになると信じて。

工藤　勝己

CONTENTS

第 4 章 合格を引き寄せる プラスワンポイント

第 5 章 典型的ダメ論文を斬る! 添削結果を一挙公開

第 6 章 厳選! 採点官の心をつかむ Sランク合格論文集

[主任]

第 1 章

合格論文を
書くための
ゴールデンルール

1 しっかりと「型」に はめて書く

　昇任試験論文には、特有の書き方、いわば「型」があります。この型を守って書かなければ採点対象にすらなりません。つまり、型を正確に理解して書くことが、合格するために絶対に欠かせない鉄則です。

　型の根幹をなすのが、章構成です。自治体ごとに字数は異なりますが、**800字～1200字程度の主任・係長試験は 3 章構成で、1500字～2000字程度の管理職試験は 4 章構成で書く**のが一般的です。

　3 章構成では、「序論」「本論」「結論」の順に書きますが、字数配分は、**「序論 3 割」「本論 5 割」「結論 2 割」**を目安にするとよいでしょう。

　1000字の論文を書く場合、序論は300字になります。2 段落に分け、1 段落目は与えられたテーマに対する社会的背景と国や都道府県の動向などに触れたうえで、それぞれの自治体の現状を踏まえて問題提起をします。2 段落目ではその問題を解決するために主任・係長がどのような役割を果たす必要があるのかを述べます。

　本論は500字程度。具体的な問題点と解決策をセットにして重要なものから順に 3 つ書きます。結論は200字程度で、自らの自治体の明るい展望を語り、高らかに決意を表明して締めくくります。

　4 章構成の場合は、「序論」「問題点」「解決策」「結論」の順に書きます。3 章構成では本論で問題点と解決策をセットにして書きますが、4 章構成では問題点と解決策をそれぞれ独立させて構成を組み立てます。字数配分は**「序論 2 割」「問題点 3 割」「解決策 3 割」「結論 2 割」**を目安にするとよいでしょう。

　なお、3 章構成、4 章構成ともに、より説得力の高い解決策を提示する必要があるため、解決策に充てる字数はここで示した目安よりも多少増やしても構いません。

　それでは、3 章構成と 4 章構成の型を確認してみましょう。

【3章構成】800字〜1200字程度（3：5：2）

第1章　序論：3割

　①社会的背景やエピソード

　②国や都道府県の動向

　③自治体の現状を踏まえた問題提起

　④主任・係長が担うべき役割

第2章　本論：5割

　①問題点と解決策

　②問題点と解決策　　　（重要なものから順に）

　③問題点と解決策

第3章　結論：2割

　①自らの自治体の明るい展望

　②力強い決意表明

【4章構成】1500字〜2000字程度（2：3：3：2）

第1章　序論：2割

　①社会的背景やエピソード

　②国や都道府県の動向

　③自治体の現状を踏まえた問題提起

　④管理職が担うべき役割

第2章　問題点：3割

　３つの問題点（重要なものから順に）

第3章　解決策：3割

　３つの解決策（問題点と対応する順に）

第4章　結論：2割

　①自らの自治体の明るい展望

　②力強い決意表明

2 「出題の意図」を深掘りして分析する

　昇任試験論文で最も重視されるのは文章力だと思われがちですが、実は人事サイドは受験者の人間性をも見極めようとしています。

　この課題がなぜ選ばれたのかという「出題の意図」に思いを巡らせ、どのような社会的背景があるのかをしっかりと分析しながら書くことができるか、行政職員としての資質が問われているのです。

　例えば、次のような出題がなされたとします。

【出題テーマ】人材育成
　質の高いサービスを提供するためには、職員一人ひとりの能力を向上させる必要があります。この点を踏まえ、後輩職員を指導・育成する立場にある主任はどのような役割を担うべきか、あなたの考えを述べなさい。

　論文の課題は、このように3～4行の文章で示されるのが一般的ですが、この出題文を一度読んだだけで書き始めていると思われる答案が圧倒的に多いのが実情です。

　一方で、出題文を繰り返し読みながら、じっくりと思考を整理して論文の構成を練る受験者もいます。

　つまり、この段階で合格できるグループと合格できないグループのどちらに属するかが決まってしまうと言っても過言ではありません。

　合格できないグループの受験者は、いかにして後輩職員を指導するか自分なりの主張をやみくもに展開していきます。このテーマが出題されたのはなぜなのか、その背景には何があるのか、そんなことはお構いなしなのです。

　それでは、合格できるグループの受験者は、どのようなことを実践しているのでしょうか。それは、出題文で提示された主任としての役割を、社

会的な背景を踏まえながら、次のように体系化して捉えるという作業を行い、論文の「幹と枝」を確立させていくのです。

【背景】　住民ニーズの複雑化・多様化（災害・感染症・少子高齢化など）
【目的】　誰もが安心して住むことができる地域社会の構築
【目標】　質の高い住民サービスの提供、住民満足度の向上
【手段】　職員一人ひとりの能力向上、組織力の底上げ
【役割】　後輩職員の指導・育成

土を耕す【社会的背景を探る】
　住民ニーズが複雑化・多様化する中で、誰もが安心して住める地域社会を構築することが求められている。

根を張る【目標を定める】
　質の高い住民サービスを提供し、住民満足度を向上させるためには、住民に最も近い現場の最前線で働く主任の役割が極めて重要である。

幹を伸ばす【手段を決める】
　創意工夫しながら限られた行政資源を効果的に活用し、喫緊の課題を解決していくためには、職員一人ひとりの能力を向上させる必要がある。

枝を増やす【問題点を見つけて解決策を練る】
　後輩職員を指導・育成して、組織力の底上げを図るために、私は以下の三点を実践していく。

　このように論文を樹木のように捉えて、まっすぐな太い幹を立てます。そこから問題点や解決策の大枝、小枝を伸ばしていくという発想に立てば、出題の意図に沿った論理的な論文を書くことができます。

3 書きたいことを全て「箇条書き」にする

　論文を書き始める前に、まずは「レジュメ」を作成するものだと思っている人が少なくありません。私が初めて主任試験を受験した際も、上司や先輩からレジュメの作成を強く勧められました。

　しかし、部下の論文を添削する立場になって感じているのは、レジュメの作成よりも大切なことがあるということです。添削してほしいと言って論文を持ってくる若い職員に話を聞いてみると、レジュメの作成で苦労している人が多いように感じます。

　いきなりレジュメという型枠にはめ込もうとすると、妙に身構えて思考がフリーズしてしまいます。その結果、昨年度の合格者からもらった論文に書かれていた内容を思い出し、それと同じようなフレーズを並べてレジュメを完成させようとするのです。「発想の広がりがない金太郎飴のような論文は、こうして作られるのか」と、妙に納得させられます。

　レジュメを作成する必要がないとは言いませんが、**まずは書きたいことを全て「箇条書き」にしてください。真っ白なキャンバスに好きな色で自由に絵を描く発想です。**この段階で「ああしろ、こうしろ」と言う人は誰もいませんので、思う存分、筆を動かしてください。

　例えば、「業務改善」がテーマだったとします。私が受験者だとしたら、書きたいことを次のように箇条書きにします。

・「ワーク・ライフ・バランス」や「働き方改革」という言葉がある。
・仕事一辺倒ではなく、家庭やプライベートとの両立に社会はシフトしている。
・同じ成果を出しているなら、定時で帰っている人よりもサービス残業をしている人が評価される時代は終わったのだ。
・限られた時間で迅速に業務を遂行し、しっかりと成果を出すためには、

業務のムリ・ムダ・ムラを解消しなければならない。

・例えば、ムリのある仕事の分担を見直し、効率的な執行体制にする。

・過度に負担がかかっている職員がいないか、個々の職員の能力や特性を活かせるように上司に進言し、積極的に調整役を担う。

・私たち職員がもらっている超過勤務手当も、市民の血税である。

・時間内にしっかりと仕事を終わらせて成果を出すことは、その血税を市民に還元することにもつながるのだ。

・例えば、ムダな会議や長すぎる打ち合わせをなくすことである。

・会議や打ち合わせそのものが目的化しているケースも少なくない。

・会議や打ち合わせは、スケジュール調整の段階で「目的」を明確に示し、「到達点」を全員が共有できるようにする。

・資料は事前に配付し、参加者にはそれぞれの立場での検討を促しておく。

・例えば、優先順位をつけずに思いついた業務から取りかかるムラのある仕事の進め方を改善する。

・毎朝、その日にやるべき業務を確認し、重要度や緊急性を考慮して優先順位を決めてから取りかかる。

・係のミーティングでも、お互いの業務の進め方を確認し合う。

・私は、常に市民の視点に立って業務改善を進め、誰もが住み続けたいと思える○○市を実現するために努力していく覚悟である。

　「業務改善」という言葉から思いつくことを、思いつくまま箇条書きにしてみましたが、いかがでしょうか？

　こうして箇条書きにしたものを読んでみると、気がつくことがあるはずです。それは、**文と文のつながりを意識せずに書き連ねているにもかかわらず、論文の流れに沿った展開になっている**ということです。つまり、レジュメという型枠を目の前にして、「ん～！」と唸りながら頭をひねり、一向に筆が進まないという状況を回避できたわけです。

　レジュメを書かなくても、この段階で論文の大まかな流れはほぼ完成しています。見出しを付け、章構成に沿って文章を組み立て、接続詞やつなぎ表現を使って体裁を整えれば、論文の形に仕上がります。

4 箇条書きを「レジュメ」に落とし込む

　書きたいことを箇条書きにして、思考を整理しながら文章化するという手法をとれば、レジュメを作成する必要はありません。ただし、**箇条書きにしたものをレジュメに落とし込むことで、より文章化しやすくなります。**

　前項で箇条書きにしたものを、3章構成の論文を想定してレジュメに落とし込むと、次のようになります。

【出題テーマ】業務改善

〔序論〕

1. 業務効率を高めて成果を出すために

　　①人生100年時代。仕事一辺倒ではなく、家庭やプライベートとの両立に社会はシフトしている。**【社会的背景】**

　　②ワーク・ライフ・バランスを実現するために、働き方改革を進めている自治体が増えている。**【現状認識】**

　　③同じ成果を出しているなら、定時で帰る人よりもサービス残業をしている人が評価される時代は終わったのだ。**【問題提起】**

　　④ムリ・ムダ・ムラを排除して業務効率を高め、スピード感を持って成果を追求する職場をつくるため、今こそ主任がリーダーシップを発揮しなければならない。**【役割・方向性】**

〔本論〕

2. ムリ・ムダ・ムラを排除して効率アップを

（1）ムリが生じている業務分担を改善する。

　　①現状では、異動に伴って前任者の業務をそのまま引き継ぐのが慣例となっており、能力に見合った最善の業務分担となっていないケースもあるため、成果発現が遅れている。**【問題点】**

---

②偏った業務分担により過度に負担がかかっている職員がいないか点検

　して、個々の職員の能力や特性が活かせる業務分担となるよう上司に

　進言する。そして、積極的に調整役を担う。【解決策】

③個々の能力を最大限に活かせるようになり、組織力が向上する。【成果】

(2)　ムダな会議や長すぎる打ち合わせをなくす。

①現状では、会議や打ち合わせそのものが目的化しているケースも少な

　くない。【問題点】

②会議や打ち合わせは、スケジュール調整の段階で「目的」を明確に示

　し、「到達点」を全員が共有できるようにする。資料は事前に配付し、

　参加者にはそれぞれの立場での検討を促しておく。【解決策】

③効率と成果を追求する意識が生まれ、サービス向上につながる。【成果】

(3)　優先順位をつけないムラのある仕事の進め方を改善する。

①現状では、優先順位を意識することなく漫然と業務を遂行している職

　員がいる。【問題点】

②毎朝、その日に行う業務の確認を習慣化し、重要度や緊急性の高いも

　のから優先的に着手することを係内で徹底する。【解決策】

③重要度や緊急性が高い業務が予定どおりに完了することで余裕が生ま

　れ、他の職員をサポートできるようになる。【成果】

〔結論〕

3.　市民の血税を還元する意識を持って

① 私たち職員がもらっている超過勤務手当も、市民の血税だ。

②時間内にしっかりと仕事を終わらせて成果を出すことが、その血税を

　市民に還元することにもつながる。

③私は、常に市民の視点に立って業務改善を進め、誰もが住み続けたい

　と思える○○市を実現するために努力する覚悟である。【決意表明】

5 「道標」になる 良い見出しを立てる

　昇任試験論文では、必ず章ごとに見出しを立てます。そして、この見出しは、採点官に自分の考えを示す「道標」の役割を担います。

　見出しだけで、受験者の力量や能力を推し量ることができると言っても過言ではありません。それでは3章構成の論文の見出しを見てみましょう。

【出題テーマ】目標による管理

　困難な課題を克服し、質の高い市民サービスを提供していくためには、職員一人ひとりが組織目標を意識し、その達成に向けて能力を存分に発揮する必要があります。このことを踏まえ、あなたは「目標による管理」をどのように実践するのか具体的に述べなさい。

✕ ダメ論文　学生のレポートのような見出し

1. はじめに
2. 私の実践すること
3. おわりに

　昇任試験論文の見出しとしては、あまりにも稚拙です。減点対象とならなくても、加点方式で採点する採点官の場合は加点が得られないでしょう。

✕ ダメ論文　「〜について」を並べた見出し

1. 目標による管理の必要性について
2. 目標による管理の実践について
3. 目標による管理の成果について

「目標による管理」をいかに実践するかを問われているのに、全ての見出しに「目標による管理」という言葉を入れるのは邪道です。「〜について」という単調な言い回しを繰り返すのも芸がありません。

⚠ ダメ論文　尻切れトンボの見出し

1. 行政需要の高まりを受けて
2. 組織目標の達成に向けて
3. 全職員が一丸となって

これが標準的なレベルの見出しです。しかし、完結していない中途半端な見出しであるため、私は「尻切れトンボの見出し」と呼んでいます。

⭕ 合格論文　本文の内容が伝わる見出し

1. 目標達成に向けて求心力を高める
2. 成果を出す仕事集団をつくる
3. 市民の血税を質の高いサービスで還元する

このような見出しなら、本文を読まなくても内容が理解できます。採点官が読み進めていくための「最善の道標」を立てたことになります。

⭕ 合格論文　訴求力のある力強い見出し

1. 組織の力で困難な課題を打破する
2. 目標達成がサービス向上という対価を生む
3. 住んで良かったという笑顔を増やしたい

「私を合格させてください！」という訴求力が抜群の見出しです。このような**力強い見出しは、それだけで採点官を惹きつけます。**採点官の道標になっているかという視点で、見出しを確認する癖をつけましょう。

6 「列挙の接続詞」で理路整然と論述する

　昇任試験論文では、適切な接続詞を用いて論述することがとても大切です。なぜなら、論文の採点項目には、「理論性」や「構成力」が含まれており、**接続詞の使い方を誤ると、これらの採点項目で減点となりかねないからです。**

　昇任試験で特に象徴的なものが「第一に」「第二に」「第三に」といった「列挙の接続詞」です。理路整然とした文章で自らの考えを採点官にわかりやすく伝えるためには不可欠といえます。

　3章構成（主任試験）の第2章（本論）を見てみましょう。

○ 合格論文　　「列挙の接続詞」を適切に活用している

2. 伴走型OJTで職場の戦力アップを

　後輩職員に寄り添いながら育成するため、私は次の三点を実践する。

　<u>第一</u>に、後輩職員との信頼関係を構築することである。先輩職員が親身になって育成しようとしても、後輩職員が心を開いてくれないと成果は限定的なものとなってしまう。<u>そこで</u>私は、相互の信頼関係を築くため、地域に赴く際や庁内調整を図る際などに後輩職員を帯同して、実際に仕事ぶりを見てもらう。<u>また</u>、後輩職員への積極的な声かけに努め、些細なことでも相談できるような雰囲気づくりをしていく。

　<u>第二</u>に、担当業務の目的や市政における位置付けなどを理解させることである。それぞれの事務事業は、相互に補完し合いながら成果を発現するが、自らの担当業務だけに着目すると成果を実感しづらくなり、業務意欲の低下を招きかねない。<u>このため</u>私は、本市の基本構想や基本計画、<u>さらには</u>国や県が示したロードマップなどを用いて、後輩職員が担当する業務が市政の発展に寄与していることを理解させる。

第三に、業務の節目で適切な助言をすることである。<u>まず</u>、PDCAサイクルの回し方を理解させ、自らの業務を進行管理できるように指導する。<u>次に</u>、タイムリーな問題提起を行って解決策を考えさせるとともに、対外調整が必要な場合には同行させてそのノウハウを伝授していく。

　このように**問題点や解決策を列挙する際には、列挙の接続詞を積極的に用いるようにします。**「まず」「次に」「さらに」を用いても構いませんが、列挙していることが一目でわかるため「第一に」「第二に」「第三に」のほうがお勧めです。昇任試験論文を書く際に使われることが多い他の接続詞についても、この機会に使い方を確認しておきましょう。

【順接】前述した状況への対処を示す
　「このため」「そのため」「そこで」

【逆接】予想と結果の食い違いを示す
　「しかし」「しかしながら」

【並列】類似するものを並べて示す
　「また」「そして」「さらに」

【対比】異質なものを比べて示す
　「一方」「一方で」「他方」「他方で」

【例示】前述したことの具体例を示す
　「例えば」「具体的には」

【例示】前述したことの顕著な例を示す
　「特に」「とりわけ」

【結論】前述したことによる結果や結論を示す
　「このように」「そのように」「こうして」

【列挙】一定の序列があるものを順序立てて列挙する
　「まず」「次に」「さらに」「さらには」

【列挙】序列がないものを順序付けして列挙する
　「第一に」「第二に」「第三に」

7　どんなテーマでも 「住民」を主役に据える

　論文試験の出題テーマは、「職場課題」と「行政課題」に大別されます。「人材育成」や「業務改善」など、職場内の取組みについて論じさせるのが「職場課題」です。一方、「防災まちづくり」や「SDGsの達成」など、社会的なテーマについて論じるのが「行政課題」です。

　主任・係長試験では、「職場課題」の出題が多い傾向にありますが、管理職試験では広い視点で捉える「行政課題」の出題が大勢を占めています。

　ここで注意しなければならないのは、**どんなテーマで出題されたとしても、主役は「住民」**だということです。出題文に「住民」という言葉がない場合、住民の存在をどこかに置き去りにして論を展開しているダメ論文を見かけますが、これでは合格をつかみ取ることはできません。**「住民のために何をするか」に徹底的にこだわって、説得力の高い論文に仕上げて**ください。

　例えば、次のような出題がなされたとします。

【出題テーマ】仕事の効率化
　我が国においては、少子高齢化が急速に進展しており、2011年以降は一貫して人口が減少しています。このような状況にあっても、本市が持続的に発展していくためには、仕事を効率的に進める必要があります。いかにして仕事の効率化を図るのか、あなたの考えを述べなさい。

　この出題文には「住民」が登場しません。では、合格者がどのような論文を書いているのか、3章構成の第2章（本論）を見てみましょう。

2. 市民満足度を着実に向上させるために

　複雑化・多様化する市民ニーズをキャッチする感度の良いアンテナを張り巡らせながら、市民の負託に応えるために以下の三点を実践していく。

　第一に、前例踏襲を打破して市民の目線に立った業務改善を進める。多忙な職場にいると前例踏襲で業務を進めがちになるが、これでは変化する市民ニーズにスピード感を持って対応することができない。私は「市民第一」「現場第一」をモットーに、係の業務が市民の負託に応えるものになっているか総点検を進める。行政評価制度を活用して費用対効果の検証を行い、効果の薄い事業はその原因を追及して再構築する。

　第二に、机上で仕事をしている職員の意識改革を図る。社会経済状況が刻々と変化する中、能力は高いのに現場に目を向ける余裕がなくルーチンワークに没頭している職員がいる。効率だけを重視して真の成果を追求できないのであれば本末転倒である。市民からの要望や苦情を受けた際、私は周りの職員を帯同して現場に赴き、市民の生の声に耳を傾ける。現場で発生している課題を効率的に解決するための糸口は、現場で市民目線に立って見つけなければならない。このような意識を係内に浸透させ、市民の負託に応える組織にしていく。

　第三に、仕事を効率的に進めるために風通しの良い職場づくりを行う。係内のコミュニケーションが一方通行であったり、意見交換や情報共有の機会が少なかったりすると、市民の声や庁内の重要な情報が停滞して効率的に業務を遂行することができなくなる。私は係会議で積極的な情報発信に努め、個人で抱え込みがちな業務上の課題や共有すべき情報を他の職員からも引き出せるようにコーディネートする。

　これらを実践することで仕事の効率化が進み、市民満足度の向上にも寄与することができる。

　いかがでしょうか？　「仕事の効率化」という係内で完結してしまうようなテーマであっても、「市民が主役」の姿勢を貫徹しています。これこそが合格を勝ち取る人の論文なのです。

8 「当事者意識」を強く打ち出す

　昇任試験論文では、**受験者が主任や係長、管理職になったら何を実践するのかを具体的に論述することが求められています。**あくまで、「自分自身が何をするか」です。そのため、「〜すべきである」という理想論を展開したり、「〜したい」という願望を書いたりするのは禁物です。

　3章構成の第2章（本論）を見てみましょう。

【出題テーマ】住民満足度の向上
　市政を取り巻く環境が大きく変化する中、市民ニーズの多様化により新たな行政需要も顕在化しています。このような状況にあっても質の高いサービスを提供して市民の負託に応え、市民満足度の向上を図ることが求められています。このことにどう取り組むか、あなたの考えを述べなさい。

✕ ダメ論文　　当事者意識が感じられない

2. 市民満足度向上に向けて

　市民満足度の向上策として、私は次のように考えている。

　まず、財政健全化に向けて庁内で議論すべきである。行財政改革が進んでいないため、全国的に自治体の経常収支比率は上昇傾向にあると言われている。本市も例外ではなく、新たな行政需要が顕在化しても単純にサービスの拡充はできないと思われる。財政健全化に向けて庁内で徹底的に議論し、無駄を排除する取組みを進める必要があると考える。

　次に、サービス提供主体は市だという認識を改める必要があるだろう。市民ニーズが多様化している状況を踏まえると、市だけで対応することが難しいケースもあり、場合によっては町会やNPO、ボランティアなどに委ねることも検討せざるを得ないであろう。本市が基本計画に掲げる「協

働」を実践し、地域特性を踏まえた取組みを推進して<u>いきたい</u>。

　さらに、仕事の効率化が不可欠だという課題もある。縦割りの組織構造の中で、固定観念に捉われて仕事をしていると効率的な行政運営は難しい<u>はずである</u>。課内の他の係との連携はもとより課の枠を超えた横の連携を進めることにより、市民サービスの向上を模索<u>すべきであろう</u>。

　これは、当事者意識ゼロの典型的なダメ論文です。次のように、出題されたテーマをしっかりと自分ごととして捉えて書くことで、採点官に「この受験者なら大丈夫だ」と思ってもらうことができます。

○ 合格論文　　当事者意識の高さが伝わる

2. 市民の負託に応える市政の実現

　行政需要が複雑化して多岐にわたっている状況にあっても、市民の負託に応えていくために、<u>私は以下の三点を実践する</u>。

　第一に、ヒト・モノ・カネを重点事業に優先的に<u>配分する</u>。長い年月をかけて実施してきた事業には、時代の変化とともに陳腐化したものもある。外部評価制度を積極的に活用して、事業のスクラップ・アンド・ビルドを断行し、緊急性や重要度に応じた予算配分を<u>行う</u>。

　第二に、官民の協働を<u>推進していく</u>。サービス提供主体は市が相応しいという固定観念のもと、これまで漫然と直営で進めてきた業務の中には、町会やNPO、ボランティアが担えるものも少なくない。そこで、材料や道具の提供に加えボランティア保険の加入手続きを市が担い、業務を<u>委ねていく</u>。民間事業者に委託する際は、サービス向上の観点からプロポーザル方式での業者選定についても検討し、市民満足度の向上を<u>図る</u>。

　第三に、業務改善を進めて仕事を<u>効率化する</u>。現状の人員で新たな行政需要に対応するためには、業務のムラやムダを排除する必要がある。そこで私は、更新されずに形骸化した業務マニュアルを効率化の観点から徹底的に<u>見直す</u>。そして、他の職員の意見も取り入れながら市民サービスの向上を図るための「使われるマニュアル」へと進化<u>させる</u>。

9 「昇任後の自分」を明確にイメージして書く

　昇任試験論文は、「私を合格させてくれたら、こんなことを実践します」と書いて決意を表明する「誓約書」のようなものです。したがって、**現在の立場ではなく、「昇任後の自分」を明確にイメージして、具体的に何をするのかを書けるかどうかが、合否を分ける大きなポイント**になります。

　それぞれの役職が担うべき役割は、下記のとおりです。

【主任】係長の補佐

・経験とスキルを有するプレーヤー

・対外的な調整

・係内の職員の指導とサポート

・現場での課題解決

【係長】課長の補佐

・係を統括するプレイングマネージャー

・部課長と現場との橋渡し役

・職員の能力や適性に応じた人材育成

・職員への仕事の割り振りと進行管理

【管理職】組織の舵取り役

・マネジメントに軸を置いたプロデューサー

・経営方針やビジョンを組織目標に落とし込む

・仕事の管理、組織の管理、職員の管理、職員の能力開発

・議会対応、マスコミ対応、組合対応、人事管理

　4章構成（管理職論文）の第3章（解決策）を見てみましょう。

　市政を取り巻く環境の変化により、行政需要は高度化・多様化しています。このような中、市民の負託に応えていくためには、人的資源の価値を高めたうえで最大限に活用して成果をあげる必要があります。このことを踏まえ、あなたは管理職として職員の能力開発にどのように取り組むのか、具体的に論述しなさい。

○ 合格論文　　管理職としての自覚と覚悟が伝わる

3. 職場は人を育てる場

　「仕事とは問題解決である」と言われる。その過程で職員の能力を向上させるのが管理職の役割だと肝に銘じ、私は以下の三点を実践していく。

　第一に、職員の能力や意欲に応じて権限を委譲する。私自身も上司から権限を委譲された経験がある。その際は信頼されていることの証だと受け止め、成果を出して期待に応えたいという強い意欲が湧いた。そこで私は、人事考課制度における面接で職員個々の能力や意欲を見極めて、より高度な業務にチャレンジさせる。例えば、政策決定に関わる対外的な調整業務や長年の懸案となっている困難案件への対応など、通常は係長が行うことが多い高度な業務を主任級職員にも担わせる。進捗状況は適宜報告させ、的確なアドバイスを与えて鼓舞し、成功へと導いていく。果敢に行動したにもかかわらず結果が伴わなかった場合には、管理職として自らが責任を負うことで「責任絶対性の原則」を貫徹する。このことにより、職員の調整能力や問題解決能力を涵養し、果敢にチャレンジする意欲的な職員を着実に育成していくことができる。

　この論文は、「昇任後の自分」をしっかりと思い描きながら、**管理職になりきって書けています**。特に、**部下の行動の結果責任は上司が負うという「責任絶対性の原則」**を明記した部分には、管理職としての自覚と覚悟がにじみ出ており、とても頼もしい印象を与えてくれます。

10 訴求力抜群の「リード文」を紡ぎ出す

　問題点と解決策を提示する章では、「リード文」が見出しと本文をつなぐ役割を担います。このリード文こそ、合格を勝ち取るために欠かせない要素の一つです。

　アメリカの心理学者であるD・オーズベルが提唱した「先行オーガナイザー」という概念があります。これは、講義の冒頭でこれから学ぶ内容についての枠組みを伝えると、受講者は自らの予備知識と関連付けて講義の内容を捉えやすくなるため、理解促進につながるというものです。昇任試験論文でも、**採点官を本文へと導く「先行オーガナイザー」としての役割をリード文に担わせると説得力が格段に高まります。**

　事例を見てみましょう。

【出題テーマ】脱炭素社会の実現

　気候変動の影響が顕著になっており、局地的な豪雨や土砂災害が多発するなど自然災害による脅威が高まっています。このことを踏まえ、脱炭素社会を実現するために本市はどのような役割を果たすべきか、あなたの考えを論じなさい。

✕ ダメ論文　訴求力に欠けるリード文

3. 脱炭素社会を実現するための方策について

　<u>脱炭素社会の実現に向け、市は以下の方策を実践すべきである。</u>

　第一に、太陽光発電パネルの設置である。住民、事業者及び行政が連携しながら太陽光発電パネルの設置を強力に推進することは、CO_2排出量を削減するための取組みとして有効である。そこで、住民や事業者向けの助成制度を設けて太陽光発電パネルの設置を促すとともに、市も公共施設の

屋根や屋上への設置を率先して行う。

このリード文は、見出しで表現したことを繰り返して述べているだけで全く訴求力がありません。受験者が書く論文を読んでいると、このような不毛なリード文が極めて多く、残念な思いに駆られます。

リード文が担っている重要な役割を認識したうえで、原稿用紙を埋める一字一句を無駄にしないようにしてほしいと思います。

それでは、添削によって生まれ変わった論文で訴求力抜群のリード文を確認してみましょう。

○ 合格論文　訴求力抜群のリード文

3. 人と環境が調和した社会を実現しよう

　気候変動がもたらす脅威から市民の尊い命を守るために、以下の方策を実践して脱炭素社会の実現に寄与していく。

　第一に、エネルギーの地産地消を推進することである。県外から送配電網によって電力が供給される過程で大量に排出されているCO_2を削減するために、公共施設における太陽光発電パネルの設置に率先して取り組む。また、民間事業所や家庭における太陽光発電パネルの設置に強力なインセンティブを与えるために、「ゼロエミッション助成制度」を速やかに創設する。住民、事業者及び行政が緊密に連携してエネルギーの地産地消に取り組むことにより、電力の送配電網にかかる負荷の低減とCO_2排出量の削減を実現することができる。

リード文の重要性を説くと、「良いリード文が思いつかない」という悲鳴にも似た声が聞こえてきます。リード文のせいで思考がフリーズして、一向に筆が進まなくなってしまう人もいるようです。

そのような受験者に私がお勧めしているのは、**「本文を完成させてからリード文を考える」**という手法です。本文で主張した内容をギュッと凝縮した2行を紡ぎ出せばよいのです。

訴求力抜群のリード文で、ライバルたちに差をつけましょう。

11 「採点官の顔」を思い浮かべて書く

　論文試験の採点官は誰だと思いますか？　自治体によって違いはあるものの、多くの場合はその自治体の管理職です。つまり、読み手は首長でも人事担当者でもなく身近にいる管理職なのです。そうだとすれば、**不特定多数の人に向けて論文を書く必要はありません。採点官を務めるたった一人の読み手である管理職に向けて、1対1の論文を書けばいいのです。**その管理職の顔を思い浮かべて、心をつかむために渾身の一本を書き上げてください。

　例えば、係長試験で次のような出題がなされたとします。

【出題テーマ】成果を追求する組織づくり
　市民の負託に応えるためには、全体の奉仕者であるという自覚を持って積極果敢にチャレンジし、成果を追求する組織づくりが重要です。このことについて、あなたは係長としてどう取り組むのか具体的に述べなさい。

　この出題テーマについて、現在のあなたの上司である課長が採点官だと仮定して、課長の顔を思い浮かべて書いてみてください。「成果を追求する組織づくり」について、課長はあなたに何を望むでしょうか？　そう考えると、自ずと書くべき内容が思い浮かんでくるはずです。

　採点官は、「この人に係長の大役を任せても大丈夫か？」という厳しい視点で読みます。「物足りない」とか「資質が備わっていない」とみなされると、合格点をもらうことはできません。採点官の顔を思い浮かべて、力強くアピールしてください。

　それでは、3章構成（係長試験）の論文から、第2章（本論）の抜粋を見てみましょう。

2. 全員がチャレンジャーの係をつくる

　成果を追求する組織をつくるために、課長を補佐する立場にある係長として私が実践することは、以下の三点である。

　第一に、目標による管理を徹底する。年度当初に定めた組織目標が形骸化すると係内の求心力はたちまち低下してしまう。係員が常に組織目標を意識しながら業務を遂行できるように、係の全員から見える場所に組織目標を掲示する。月曜日の朝に行っている係ミーティングは、1週間のスケジュール確認の場となりがちであるが、組織目標の達成に向けて課題と解決策を議論する場に変えていく。

　第二に、係内でOJTを実践する。限られた人員で市民の負託に応えるためには、職員一人ひとりの能力向上が不可欠である。経験の浅い若手職員が一日も早く戦力となるよう、中堅職員がメンターとなり寄り添いながら育成する。例えば、課題解決を図るための対外調整を若手職員に主体的に担わせ、中堅職員がそれを見守りながら指導していく。

　第三に、コミュニケーションの円滑化を図る。コミュニケーションが悪い職場では情報が停滞し、作業の重複や後戻りなど非効率な業務が発生してしまう。私は重要な情報が係内で停滞することがないように、担当職員を帯同して課長への報告を励行する。また、職員への声かけを積極的に行いながら、職員相互に話しかけやすい雰囲気をつくる。さらに、私自身のこれまでの経験や隣接自治体の最新動向など、職員にとって有益な情報を積極的に伝え、係におけるコミュニケーションの要としても機能する。

　これらを実践することで係の求心力を高め、市民の負託に応えていく。

　まず、見出しに説得力があります。また、リード文に「課長を補佐する立場にある」という表現を盛り込んだことで強い責任感が伝わります。

　そして、「組織目標」や「市民の負託」という表現を効果的に散りばめており、成果を追求する姿勢を強く打ち出すことに成功しています。さらに、課長には重要な判断を下してもらう場面が多々あるため、第三の解決策に挙げた「課長への報告を励行する」という一文も評価に価します。

12 「採点項目」と 「減点要素」を理解する

　採点項目や減点要素を理解せずに、やみくもに論文を書き始めても、合格を勝ち取ることはできません。**どのような点が評価されるのか、また、どのような点が減点されるのかをしっかりと認識したうえで対策を練る**必要があります。

　論文試験の採点項目は以下の7項目です。自治体によって大きな違いはないものと思われます。

【採点項目】
　①状況認識　　②問題意識　　③論理性
　④構成力　　　⑤表現力　　　⑥独自性　　　⑦完成度

それぞれの採点項目について、詳しく見ていきましょう。

---

①状況認識
　出題の意図を的確に把握したうえで、その背景や状況を正確に認識することができているか。

---

②問題意識
　広い視野と深い洞察力によって課題の本質を捉え、それを深く掘り下げることができているか。

---

③論理性
　論旨に一貫性があるか。現実的な解決策を提示し、説得力の高い文章構成となっているか。

---

④構成力

昇任試験論文としての体裁が整っているか。全体的なバランスを保つことができているか。字数配分に偏りがないか。

⑤表現力

難解な表現を用いることなく、平易な言葉でわかりやすく論述されているか。文法上の間違いや用法ミスがないか。

⑥独自性

抽象的な表現や借りてきた言い回しを用いることなく、自分の言葉で独自の論述ができているか。能力の高さやセンスの良さが伝わる訴求力あふれる文章になっているか。

⑦完成度

職責に見合った内容になっているか。当事者意識を持って昇任意欲の高さをアピールすることができているか。

減点要素についても、確認しておきましょう。

【減点要素】

・原稿用紙の使い方が正しくない。

・字数の基準を満たしていない。

・字が汚い。字が小さい。字が薄い。判読できない。殴り書き。

・誤字と脱字が多い。送り仮名のミスが多い。

・文末の表現が統一されていない。(「ですます調」「である調」)

・読点の打ち方が不適切であるため、理解不能である。

・同じ助詞を続けて用いるなど、助詞の使い方が不適切である。

・適切な接続詞を用いていない。

・略語を多用している。(ネット、スマホ、コンビニ、園)

13 「原稿用紙の作法」は必ず守る

　字数制限のある論文試験では、原稿用紙が使われます。このため、事前の準備段階で原稿用紙を使っていない受験者は、試験会場で答案用紙を前に冷や汗をかき、その使い方に苦慮することになります。

　社会人になると原稿用紙を使って手書きの文章を書く機会はありません。このため原稿用紙の使い方をすっかり忘れてしまったという人が多いように感じます。試験会場で慌てないために、原稿用紙の作法をしっかりと復習しておきましょう。

作法①
　段落ごとの書き出しは、1マス空けて書く。

作法②
　句読点は、文字と同様に1マスを使う。

作法③
　句読点は行頭に書かず、前の行の最後のマスに文字と共に収める。

作法④
　見出しには番号を振り、1マス空けずに行頭から書き始める。

作法⑤
　引用句は「ガギカッコ」で括り、「カギカッコ」にも1マスを使う。

作法⑥
　感嘆符（！）や疑問符（？）は、原則として使用しない。

作法⑦

　論述内容が変わるたびに、段落を変える。

　段落を変える際は改行して、１マス空けてから書く。

作法⑧

　数量表記は、横書きでは算用数字を、縦書きでは漢数字を用いる。

作法⑨

　算用数字は、二つを１マスに書く。

（例）「東京23区」の「23」を１マスに収める。

（例）「待機児145名」の「14」と「5」に１マスずつ使う。

作法⑩

　拗音・促音も１マスを使う。

　　拗音（ようおん）：小さい表記の「ゃ」「ゅ」「ょ」

　　促音（そくおん）：小さい表記の「っ」

作法⑪

　拗音・促音が行の冒頭にくる場合は、そのまま行の冒頭に記入する。

　句読点が行頭にくる場合の扱い（作法③）とは、異なる。

作法⑫

　推敲段階の訂正でマス目が不足する場合は、消しゴムで消して訂正するのが原則。やむを得ない場合は吹き出しで対応する。ただし、節度を保つために、吹き出しは１〜２箇所程度に抑える。

14 「推敲の鬼」になる

　論文は書き上げてからが勝負です。「推敲の鬼」になって完成度を高めることができなければ、合格を勝ち取ることはできません。

推敲の視点

　①一文が長くないか

　②適切な助詞を選んでいるか

　③修飾語の位置がおかしくないか

　④接続詞の選択を間違えていないか

　⑤あいまいな表現でお茶を濁していないか

　推敲の鬼には、これらの五つの視点が備わっています。**自分が書いた文章は、「読み手に正しく伝わっているとは限らない」という前提に立ち、第三者になったつもりで厳しくチェックしてください。**

　管理職試験の第3章（解決策）を見てみましょう。以下の二つの例文は、上記の五つの視点を付番し、推敲前・推敲後を示したものです。

【出題テーマ】職員の能力開発

　時代の変化に適応し、高度化・複雑化する行政課題に的確に対応していくためには、職員の能力開発に積極的に取り組んでいくことが重要です。このことを念頭に、あなたは何を実践するのか具体的に述べなさい。

✕ ダメ論文　推敲を怠っているのが明白

3. 優れた経営感覚の職員の育成に向けて ③

　市政運営の礎が職員であるという認識のもと、私は以下の三点を実践す

ることで職員の能力開発を図っていく。②

　第一に、職員の地域運営能力を向上させる。それぞれの地域の特性も踏まえながら課題解決を図っていくためには、地域活動をコーディネートする能力が職員に備わっている必要がある。②　<u>一方</u>、市民の強い権利意識や複雑化・高度化した行政需要なども背景に、地域と関わることに消極的な職員が<u>増えているため</u>、全庁的に実施している出前講座に職員の担当する事業のエントリーを促し、地域の会合やイベントなどに出向かせる。①②④そして、<u>主体的に</u>事業開始前の地元調整に職員を関わらせ、<u>住民説明会の企画や運営において</u>、地域住民の意見や要望に耳を傾け、<u>住民目線の対応についても</u>増やしていく。③④⑤　これにより、職員は地域課題を解決することの醍醐味を味わうこと<u>も</u>でき、地域運営能力の向上につながっていく。②

⭕ 合格論文　　推敲を重ねて完成度アップ

3. 経営感覚に優れた職員の育成に向けて③

　市政運営の礎は職員であるという認識のもと、私は以下の三点を実践することで職員の能力開発を図っていく。②

　第一に、職員の地域運営能力を向上させる。それぞれの地域の特性<u>を</u>踏まえながら課題解決を図っていくためには、地域活動をコーディネートする能力が職員に備わっている必要がある。②　<u>しかし</u>、市民の強い権利意識や複雑化・高度化した行政需要など<u>を</u>背景に、地域と関わることに消極的な職員が<u>増えている</u>。<u>そこで</u>、全庁的に実施している出前講座に職員<u>が</u>担当する事業のエントリーを促し、地域の会合やイベントなどに出向かせる。①②④　<u>また</u>、事業開始前の地元調整に職員を<u>主体的に</u>関わらせ、<u>住民説明会の企画や運営を任せることで</u>、地域住民の意見や要望に耳を傾けて<u>住民目線で考える機会を</u>増やしていく。③④⑤　これにより、職員は地域課題を解決する醍醐味を味わうこと<u>が</u>でき、地域運営能力の向上に<u>も</u>つながっていく。②

15 「添削者」は慎重に選ぶ

　ここまで、「合格論文を書くためのゴールデンルール」をお伝えしてきましたが、前項までの14のルールを忠実に守りながら、1本の論文を書き上げたら、いよいよ添削を受ける段階を迎えます。上司や信頼できる先輩職員に添削を依頼して、客観的な目で読んでもらいましょう。そして、改善すべき点を指摘してもらってください。

　ここで注意してほしいのが、添削者は慎重に選ぶ必要があるということです。上司に依頼するにしても、様々なタイプの上司がいるはずです。一字一句を厳しい目でチェックして、赤ペンで原稿用紙を真っ赤にして返してくれる頼もしい上司ばかりではありません。読んだ感想と心ばかりのアドバイスしかくれない上司もいます。そもそも添削が苦手な上司や業務多忙で添削に手が回らない上司がいるのも事実です。直属の上司がどのタイプかをしっかりと見極めて、添削者としてふさわしくないと思ったら、前の職場の上司や合格経験のある先輩職員に依頼することをお勧めします。

　試験日の直前まで親身になって添削を続けてくれる人を、ぜひ見つけてください。

注意点①
・添削者は慎重に選ぶ
・前の職場の上司や信頼できる先輩職員も候補に入れる

　これまで私は、たくさんの受験者を合格に導いてきましたが、1回や2回の添削で完成論文になることはありませんでした。いくら優秀な受験者であっても、3〜4回の添削を繰り返して初めて太鼓判が押せるのです。

　文章を書くことに強い苦手意識がある受験者の場合は、なんと8回の添削を経てやっと完成論文に仕上がりました。6月上旬に添削を依頼されて、

8回目の添削が終わったのは試験2週間前の9月上旬でした。1本の論文を完成させるのに3か月も添削を繰り返したことになります。したがって、「試験の前日まで面倒を見るよ」と言ってくれる添削者がいたら、合格するためのアドバンテージになるのは間違いありません。

　さらに注意すべき点があります。**合否の判定に関わる勤務評定をつけるのは直属の上司です。**このため、直属の上司が添削者としてふさわしくないとしても、必ず論文を見せて感想をもらうようにしてください。主任・係長試験の勤務評定は、係長と課長の二段階評定になっているので、いずれかのタイミングで直属の係長にも論文を読んでもらうように心がけてください。読んでもらうだけでも、合格を勝ち取るために努力していることのアピールになります。

注意点②
・必ず直属の上司に論文を読んでもらう
・勤務評定をつけるのは直属の上司だということを忘れない

　添削を受けながら苦労して完成させた論文は、試験会場で完璧に再現できるように暗記してください。完璧に暗記したつもりでも、試験会場の独特の雰囲気と極度の緊張により思い出せない可能性もあるため、短期間で暗記する場合には細心の注意をはらう必要があります。

　日常業務では、文章を書く際もパソコンを使っており、手書きで文章を仕上げる機会はほとんどありません。しかし、試験会場では2時間近くも鉛筆を動かし続けなければなりません。このため、暗記した論文を時間内に手書きで再現できるようにしてください。

　もちろん、当日の出題テーマが異なる場合もありますが、アレンジする際の引き出しとして、必ず役立ちます。

注意点③
・完成論文は、完璧に再現できるように暗記する
・原稿用紙を使って、手書きで再現する練習をしておく

合格体験記【主任試験・30歳代女性】

1. 試験本番までのスケジュール管理が大切

　子育てや家事と試験勉強を両立させる必要があったため、スケジュール管理を徹底しました。5月に人材育成課が実施したガイダンスに参加して、6月上旬から本格的な準備を開始しました。試験の1か月前までに3本の手持ち論文を完成させることを目標に掲げ、6月は完璧な1本を仕上げることに専念しました。そして、7月中旬までに1本、試験1か月前の8月中旬までにさらに1本を完成させるためのスケジュールを組みました。

　振り返ってみると、最初の1本目を完璧なものに仕上げるのに苦労しましたが、2本目と3本目では1本目の論文からそのまま使える問題点と解決策もあったため、それほど苦労することなく完成させることができました。最後の1か月は、3本の手持ち論文を手書きで再現する練習をしながら徹底的に暗記をしました。

2. 出題傾向を分析してから書くテーマを決める

　まずは過去の出題傾向を徹底的に分析して、3本の手持ち論文のテーマを決定しました。最近は3年周期で同じようなテーマの出題となっていたので、2年前に出題された2題「業務改善」「接遇スキルの向上」を必須として、もう1本は最も出題頻度が高い「人材育成」を選びました。

3. 添削は尊敬する上司に依頼する

　前の職場の上司だった部長に添削を依頼しました。丁寧に添削していただき赤ペンで真っ赤にして返してもらえたので、それをもとに修正したうえで再度添削をお願いし、いずれの論文も3回目の添削で完成させることができました。試験当日は、3本の手持ち論文のうち1本が出題テーマと合致したため、暗記したものをそのまま書くことができました。筆記試験合格後の面接対策まで面倒を見てくれた部長には、心から感謝しています。

第2章

ライバルの
一歩先を行く
論述テクニック

1 「金太郎飴論文」から 脱却する工夫を施す

　皆さんが論文試験の採点官だったとします。1日に70～80本も同じような切り口の論文ばかり読まされることになったなら、どのように感じると思いますか？

　「またこれ？　金太郎飴のようだな」。このように思うのではないでしょうか。職場内に複数の受験者がいる場合、添削指導している上司も採点官と同じような印象を抱いているはずです。

　主任試験の第1章（序論）を見てみましょう。

【出題テーマ】人材育成

　質の高いサービスを提供するためには、職員一人ひとりの能力を向上させる必要があります。この点を踏まえ、後輩職員を指導・育成する立場にある主任はどのような役割を担うべきか、あなたの考えを述べなさい。

✕ ダメ論文　　ありきたりなフレーズばかり

　社会経済情勢の大きな変化の中で、市民の意識やライフスタイルなども変わりはじめ、市民ニーズが複雑化・多様化してきている。また、各地で発生している自然災害や世界的な感染症の拡大など前例のない事態が生じており、市民の不安が高まっている。

　このような状況下で、市民ニーズを的確に捉えた質の高いサービスを提供するためには、職員一人ひとりの能力を向上させる必要がある。そのためには、主任が中心となり後輩職員を指導・育成しなければならない。

　「人材育成」に関するテーマが出題されると、ほとんどの受験者は、このような序論を書いてしまいます。「市民ニーズが複雑化・多様化している」

という漠然としたフレーズを都合よく使って体裁を整える傾向にあり、まさにどこを切っても同じ絵が出てくる金太郎飴のような様相を呈しています。実は、このことは合格者にも言える傾向であり、近年、合格者と不合格者の点数に差がつきにくくなっています。

その他大勢から一歩抜け出すために、切り口にひと工夫を加えて論を展開してみることをお勧めします。

○ 合格論文　エピソードでインパクトを生む

> 窓口に怒鳴り声が響いた。「君は市民の立場になって考えたことがあるのか！市長を出せ！」。地域猫が増えていることに困り果てて市役所を訪れた市民が、たらい回しにされそうになり若手職員を怒っているのだ。
>
> 所管する課がどこなのか判断するのが難しい問題は、ともすれば押し付け合いになりがちである。しかし、市民ニーズが複雑化・多様化する中で、難題が舞い込んできたときに、自分の課でできることはないか市民の立場になって考え、そして知恵を出し合うことが、質の高い市民サービスにつながっていく。
>
> 今こそ、職員一人ひとりの能力を向上させて質の高いサービスを提供するために、主任が中心となり後輩職員を指導・育成しなければならない。

このように、具体的なエピソードから書き始めることで、「市民ニーズが複雑化・多様化している」というフレーズを用いたとしても、強いインパクトのある論文となり、採点者を納得させることができます。

その他大勢から一歩抜け出した論文にするためには、どんなテーマが出題されたとしても、まずは「独自の切り口」で論を展開できないかと考える癖をつけてほしいと思います。

2 職場に「転がっている」問題点を盛り込む

　当事者意識が低い説得力のない論文を書いている受験者は少なくありません。そのような論文には明確な共通点があります。それは、職場の「具体的な問題点」が盛り込まれていないことです。

　解決策に説得力をもたせるためには、具体的な職場の問題点を指摘する必要があるのです。

　主任試験の第2章（本論）の抜粋を見てみましょう。

【出題テーマ】業務改善
　市民の負託に応え、満足度の高い施策を展開していくためには、常に市民目線に立ち業務改善を率先垂範することが大切です。このことを踏まえ、あなたは何を実践するのか具体的に述べなさい。

✕ ダメ論文　　問題点が盛り込まれていない

2．業務改善の率先垂範を

　市民の負託に応え、満足度の高い施策を展開していくために、私は次の三点を実践する。

　第一に、ミーティングや係会議で業務改善を積極的に提案し、係の全員で話し合うことである。窓口や現場で市民とコミュニケーションを図り、生の声を現場で拾う。そして、理想と現実のギャップを市民目線で探り、業務改善の糸口を見つける。他の自治体の先進事例も研究して改善策を考え、係の全員にそれを提示して意見をもらいながら実践に移していく。積極的に取り組む姿勢を他の職員にも見せながら業務改善の機運を高め、市民サービスの向上につなげていく。

積極性が出ており悪い論文ではありませんが、解決策だけが独り歩きしている印象があります。

　解決策があるということは、解決しなければならない問題点が必ずあるはずです。その問題点が抜け落ちているために、前のめりな印象の論文になっています。

　それでは、職場に転がっている問題点を盛り込んでみましょう。

○ 合格論文　具体的でリアルな問題点を記述

> **2. 業務改善を市民サービス向上につなげる**
>
> 　係一丸となって市民目線で業務改善を進めていくために、私は次の三点を実践する。
>
> 　第一に、ミーティングや係会議で業務改善を積極的に提案し、係の全員で話し合うことである。自らの業務を改善しようと孤軍奮闘している職員はいるものの、係全体の取組みにまで発展させることができていないのが現状であり、市民サービス向上につながっていない。そこで私は、窓口や現場で市民とコミュニケーションを図り、生の声を現場で拾う。理想と現実のギャップを市民目線で探り、業務改善の糸口を見つける。他の自治体の先進事例も研究して改善策を考え、係の全員にそれを提示して意見をもらいながら実践に移していく。積極的に取り組む姿勢を他の職員にも見せながら業務改善の機運を高め、他の職員にも業務改善を促して、係全体の取組みに発展させていく。

　このように、個人としての業務改善が係全体の取組みにまで発展していないという職場の具体的な問題点を盛り込むことによって、解決策がより説得力の高いものになります。

　さらに、自らが実践する解決策を提示したうえで、「他の職員にも業務改善を促す」という結び方をすれば、他の職員をも巻き込んで係全体の取組みに発展させていくことがイメージでき、採点官の評価もグンと上がることになります。

3　解決策は「重要度」が高い順に書く

　管理職試験では三つの解決策を提示しますが、この解決策を思いついた順に書いている受験者が多くいます。しかし、採点官が最初に読む一つ目の解決策が論文の印象を大きく左右することになります。解決策の記載順序は採点に少なからず影響を与えるため、重要度が高い順に提示するようにしましょう。これは、主任・係長試験でも同じです。

　管理職試験の第3章（解決策）を見てみましょう。

【出題テーマ】住民との協働
　市政を取り巻く環境が大きく変化している中で、新たな市民ニーズに的確に対応していくためには市民との協働が欠かせません。このことについて、本市はどのように取り組むべきか、あなたの考えを論じてください。

✕ ダメ論文　　重要度を意識せずに解決策を並べている

3.　市民との協働を進めるために
　市民との協働を推進するため、次の三点を実施する必要がある。
　第一に、市民ニーズの変化を捉える。………（略）
　第二に、市民の意識改革を図る。………（略）
　第三に、協働の仕組みをつくる。………（略）

　市民の参画を得るためには、協働の仕組みが構築されていることが前提となります。したがって、ここでは第三の解決策として挙げた「協働の仕組みをつくる」の重要度が最も高いと解釈でき、第一の解決策として提示する必要があります。そのうえで、参画してもらうための市民の意識改革を図り、市民ニーズの変化を捉えながら柔軟に運用することになります。

3. 市民の参画で築く元気なまち

変化する行政需要を的確に捉え、市民の負託に応えていくために、以下の方策を実践することにより市民の参画を得ていく。

第一に、市民が参画できる<u>仕組みを構築する</u>ことである。これまでもパブリックコメントにより市民の意見を聴取したり、公募で委員を募集したりしてきたが、応募者は限定的であった。これでは形だけの市民参画となってしまう。そこで、ホームページに市民参画のコーナーを設けるとともに公式SNSを活用して、参画が可能な事業をわかりやすく周知していく。例えば、駅前広場の清掃や花壇の手入れ、防犯パトロールなど個人でも気軽に参画できる取組みを大幅に増やし、一覧表にして公表していく。参画の選択肢を増やして、わかりやすく周知することで、これまで躊躇していた市民にも門戸を開いていくことができる。

第二に、市民の<u>参画意欲を涵養する</u>ことである。これまでの市民世論調査の結果によると、市政に興味があるものの参画には至っていない人が多いことがわかっている。そこで、行動経済学のナッジを活用して参画意欲を高め行動変容を促していく。例えば、公募委員としての参画や市政への意見提出をそれぞれポイント制で可視化し、自らの参画度と貢献度を確認できるようにする。また、参画した市民には事業の進捗度や成果を通知する機能を設け、参画の意義を実感してもらう。これにより、市民はやりがいを持って継続的に参画できるようになる。

第三に、<u>行政需要の変化を敏感にキャッチする</u>ことである。市民参画が市政に効果的に作用するためには、時代の変化とともに陳腐化した事業や更新されずに残っている古い制度を常時見直していく必要がある。そこで、特定の部課が活用している市民モニター制度を全庁的な運用に改変し、全ての事務事業で質問項目を設定できるようにする。その結果は、市長へのはがきやホームページから寄せられる市民意見と併せて内容や傾向を分析してグラフ化し、グループウェアで全庁職員が共有する。これにより、全職員が行政需要を把握したうえで、常にその変化を意識しながら業務遂行できるようになる。

4 理想と現実の「ギャップ」を埋める

　昇任試験論文では、理想と現実のギャップを捉える能力が試されます。このギャップを埋めるために、「現在の状況」を「あるべき姿」に近づけていく方策を論理的かつ具体的に記述できれば、合格をグッと引き寄せることができます。係長試験の第 2 章（本論）を見てみましょう。

【出題テーマ】安全・安心のまちづくり

　市民満足度を向上させ、市民の定住化を促進するためには、誰もが安心して健やかに生活できる安全なまちをつくることが重要です。このことを踏まえ、本市はどのようなまちづくりを進めるべきか論じてください。

✕ ダメ論文　　「あるべき姿」の実現策として乏しい

2. 安全・安心のまちづくりに向けて

　安全で安心して住むことができるまちにするために、次の取組みを行う。

　第一に、安全な住環境の整備である。現在、市民の防災意識は決して高いとは言えず、耐震・耐火構造への建替えが進んでいないのは憂慮すべき点である。特に、木造住宅密集地域における建替え助成制度を広く広報などで周知し、安全な住宅への整備を早急に強化していく。

　第二に、安心・快適な生活環境の整備である。地震や水害などの災害とともに、市民の脅威となっているのは一向に減ることのない犯罪である。犯罪の発生状況をメールでお知らせする既存のシステムの効果を検証する必要がある。また、犯罪発生マップを自治会掲示板に掲示し、若い世代にはSNSを活用して注意を促すなど、犯罪抑止を図る。

　第三に、公助に頼らないシステムの構築である。市では、近所付き合いがないという人も多く、地域の人間関係が希薄な傾向にある。自分たちの

まちは自分たちで守る意識が有事の際は重要になるため、公助の限界についても広報紙やホームページで伝えていく必要がある。

○ 合格論文　「あるべき姿」の実現策を具体的に詳述する

2．ずっと住み続けたい安全・安心のまちを

　安心して住むことができる安全なまちをハードとソフトの両面から築いていくために、以下の方策を実践していく。

　第一に、火災が燃え広がらないまちにすることである。本市では、幅員4ｍ未満の狭い道路沿いに古い木造家屋が密集している地域が多い。そこで、建替えの際にセットバックした用地の寄付を受けて道路拡幅を行う既存の制度に加え、耐火構造への建替えを促進するために助成制度を拡充する。さらには、公共施設の集約・再編に伴って地域のオープンスペースを確保していく。これらの取組みを粘り強く着実に実施していくことで、火災があっても延焼しにくい「燃えないまち」になっていく。

　第二に、地域の目が行き届いた犯罪のないまちにすることである。現状では、自転車の盗難や痴漢などの犯罪の発生件数が高止まりの傾向にある。そこで、市と警察が連携して実施している防犯パトロールや地域団体による見守り活動の体制をさらに強化する。また、宅急便や郵便配達などの民間車両による犯罪抑止効果を狙い、地域見守り協定を締結する。「不審者を見かけたら110番」などの表示車両を大幅に増やし、地域の目が光っていることを強くアピールする。これにより、市内全域に目が行き届くようになれば犯罪抑止効果が高まり、安心して生活できるまちになっていく。

　第三に、自助・共助・公助のバランスがとれたまちにすることである。昨年の大型台風上陸時には、20の学校避難所に多くの市民が避難したが、避難所の運営を市が担うという事態になった。そこで、自治会やPTAによる避難所運営協議会が有事の際に主体的に機能するようにする。例えば、備蓄倉庫からの生活物資の搬出やボランティアの受入れ、避難する際に連れてきたペットの対応などの確認に加え、地域の防災マップを自ら作成するなど実践的な訓練を行っていく。これにより、自助・共助・公助のそれぞれが担うべき役割が認識され、有事の際に有効に機能するようになる。

5 「登場人物」を増やし 複眼的な視点で書く

　論文の出題テーマは、多様化する行政需要や複雑化・高度化する住民ニーズを背景に設定されます。しかし、「住民」を十把一絡げにして論じている論文が目立ちます。例えば、「高齢者」を切り口にする場合でも、一概に論じることはできません。複眼的な視点で出題テーマを捉え、「元気高齢者」や「独居高齢者」「介護が必要な高齢者」など登場人物を増やしながら論じていくことで説得力が高まり、その他大勢の受験者から一歩抜け出すことができます。管理職試験の第2章（問題点）を見てみましょう。

【出題テーマ】地域コミュニティの活性化

　大規模な開発事業により急速に都市化が進んでいる本市では、少子高齢化や核家族化の進展などもあり地域コミュニティの希薄化という課題が顕在化しています。このことを踏まえ、本市はどのような取組みを進めるべきか、あなたの考えを論じてください。

✖ ダメ論文　　住民を一括りにして論じている

2. 地域コミュニティの活性化に向けた課題

　地域コミュニティ活性化に向け、本市は次のような課題を抱えている。

　第一に、地域住民が交流する機会の減少である。急速な都市化の進展により、近隣との付き合いを避け、日常的なあいさつ程度の関係を望む住民が増えている。地域コミュニティ活性化のためには、これらの住民も気軽に参加できる機会をつくり、交流を深めていく必要がある。

　第二に、地域課題の解決に無関心な住民の増加である。集合住宅の建設ラッシュに伴い、町会の加入率は年々減少している。地域との関わりに価値を見い出せない住民にも、町会活動に参加してもらい地域課題に目を向

けてもらうことが不可欠である。

　第三に、市政参画の仕組みが不十分である。各種計画の策定時に実施するパブリックコメントでの意見提出や公募委員としての参画など、市政に参画する方法は多様であるが、現状では特定の<u>住民</u>の参画にとどまっており、これらの制度が<u>住民</u>に広く浸透しているとは言い難い状況である。

◯ 合格論文　多様な住民の姿を詳述する

2. 地域が元気を失っていく憂慮すべき課題

　地域における課題を地域住民が自ら解決していくためには、地域コミュニティを阻害する以下の課題を解決しなければならない。

　第一に、地域住民が交流する機会が減っていることである。活気あふれる元気なまちをつくるためには、地域住民同士の交流により連帯意識を育む必要がある。しかし、急速に増加する<u>外国人住民</u>は、言葉の壁があって地域参加を敬遠する傾向にある。また、増加する<u>独居高齢者</u>を地域が見守る仕組みの構築も課題となっている。誰もが気軽に参加できる地域活動や魅力的なイベントを企画し、地域住民同士が交流できる機会を創出することが、コミュニティを活性化するための大きな課題である。

　第二に、地域課題の解決に無関心な住民が増えていることである。大規模開発により集合住宅が増加しているが、表札さえ出さない<u>若いファミリー世帯や単身世帯</u>も多く、町会への加入率は60%を切り年々減少している。大規模な災害が発生した場合には、自らの地域を自らが守る自助・共助の取組みが重要であり、これらの活動の核となる<u>若い世代</u>に町会への加入を促し、積極的に活動に参加してもらう必要がある。

　第三に、市政に参画できる制度を十分に周知できていないことである。人生100年時代にあって気力・体力ともに充実し、市政への参画意欲が高い<u>元気高齢者</u>は増えている。しかし、自らの能力や経験を活かせる機会を見出せず、参画に至っていないケースも多い。積極的な参画を促すためには、市が発信する情報が<u>高齢者</u>にも浸透している必要があるが、パブリックコメントによる意見提出手続きや公募委員としての市政参画など、既存の制度についての周知が十分に行き届いていない。

6 「洗練」を極めて 格式高く仕上げる

　昇任試験論文の採点項目には、「独自性」や「表現力」があります。論文の内容を充実させるだけでなく、適切な語句を用いることや表現力豊かに論じることが求められているのです。どこからか借りてきた使い古された言葉で論述するのではなく、センスあふれる自らの言葉を駆使して、採点官に思う存分アピールしましょう。

　ここでは、ダメ論文を書いた受験者を合格へと導くために、添削によって言い換えたフレーズを多数ご紹介します。自らの論文を洗練された格式高いものへとブラッシュアップするために、ぜひご活用ください。

「序論」の添削改善例

△　本市は、人口減少社会を迎え、これまでの横並びや前例踏襲のサービスを続けても十分な効果が望めない状況に陥っている。

○　かつて経験したことのない人口減少社会を迎え、これまでの画一的で杓子定規な対応では、到底立ち行かない状況に本市も直面している。

△　質の高いサービスの提供には、職員の能力向上が欠かせない。

○　質の高いサービスの源泉は、職員の高い能力と意欲である。

△　社会経済状況の急激な変化に伴って行政需要が増加する中、本市の歳入は減少が続いている。

○　社会経済状況の変化に伴う行政需要の増加を尻目に、歳入の減少が続くというジレンマを本市は抱えている。

△ 中堅職員は、若手職員とベテラン職員のパイプ役となり、率先して係の活性化に貢献しなければならない。

○ 今こそ、中堅職員が係の要となり潤滑油となって機能し、風通しの良い職場づくりを進める時である。

△ SDGsを達成するために、本市が果たすべき役割は極めて大きい。

○ SDGsが掲げる「誰一人として取り残さない」という理念を念頭に、経済・社会・環境の三つの要素の調和を図り、本市は先導的な役割を果たしていかなければならない。

「問題点・解決策」の添削改善例

△ 市民と協働していくうえでは、地域活動が停滞しているといった課題がある。

○ 市民との協働を進めるうえで、地域コミュニティが希薄化しているという障壁が存在する。

△ 市民満足度を向上させるためには、市民の声に耳を傾け、真の市民ニーズを把握することが最も重要である。

○ 質の高いサービスを提供していくためには、市民の声にならない声を拾い、真の市民ニーズを掘り起こしていくことが肝要である。

△ 職員が自らの能力を思う存分発揮できるようにする。

○ 職員が持てる能力を遺憾なく発揮できるような環境を整える。

△ 職員の個性を大切にしながら親身になってOJTを行う。

○ 職員個々の能力や特性を踏まえて寄り添いながら進める「伴走型のOJT」を実践する。

△ 私は、後輩職員を伴って現場に行き、住民と対話する。

○ 私は後輩職員を帯同して現場へと赴き、住民の生の声を拾う。

△ 私は、地域住民との対話に努め、自ら現場に出向いて直接顔を合わせた議論を続けていく。

○ 「すべての道はローマに通ず」という言葉があるように、市を良くしたいという一心で様々な活動を続けている地域住民がいるのは本市の強みでもある。私は管理職として、そのような地域住民との協働を推し進めるため、自らも現場に赴いて膝を突き合わせた議論を重ねていく。

△ 予算の重点的な配分により、重要施策の効果を高める。

○ ヒト・モノ・カネの重点配分により重要施策の実効を上げていく。

△ 財政の悪化が市政に及ぼす影響は計り知れないものがある。

○ 財政硬直化が市政の停滞を招きかねないという懸念材料もある。

△ 私は、表面化する前に先手先手で問題解決を図っていく。

○ 私は鋭敏な経営感覚を涵養し、社会経済状況の変化を的確に捉えて、顕在化しそうな課題の芽を早期に摘む。

△ 失敗を失敗に終わらせることなく、係が結束して業務改善を進める体制を築いていく。

○ ミスや失敗をも糧にすべく、市民目線で業務改善を敢行する機運を醸成していく。

△ 質の高いサービスを提供し、市民満足度のさらなる向上を図るため、私は次の三点を実施する。

○ 市政のさらなる発展に寄与するために、私は管理職として「仕事の管理」「組織の管理」「職員の管理」の三点を以下のとおり敢行していく。

「結論」の添削改善例

△ 私は、日頃から自己啓発を行うなど地道な取組みを継続し、市民のために尽力していくことを誓う。

○ 私はたゆむことなく自己研鑽に励み、陰日向となって課長を補佐し、市政の発展に寄与していく決意である。

△ 私は、市民福祉の向上に向けて現場重視の対応に努め、これからも全力を尽くす決意である。

○ 市民に最も近い現場の最前線において、市政を底辺で支えている中堅職員のたゆまぬ努力が結実する日は必ず訪れると確信し、職務に邁進していく覚悟である。

△ 私は誠実さと向上心を持って何事にも真摯に取り組み、質の高い市民サービスを実現していく所存である。

○ 私はいかなる課題に対しても決して目を背けることなく、これまでの経験で培った能力を活かして質の高い市民サービスへと結実させていく決意である。

△ 私は、市民の期待に応えるために管理職として困難な課題にも立ち向かい、市政の一員として職員と共に前進していく所存である。

○ 自らも市政の一翼を担っているという強い自覚と責任感を持ち、管理職としての重い使命を全うするために全身全霊をささげる覚悟である。

　表現したいことは同じであっても、△事例と○事例とでは採点官が受ける印象がガラリと違います。語彙力の高さを活かして洗練された言葉をセレクトし、格式の高い表現に仕上げることができれば、その他大勢の受験者から一歩抜け出すことができます。

7 孤軍奮闘せずに 「上司・同僚」を巻き込む

　「私がやらねば誰がやる」と意気込んで、孤軍奮闘している独りよがりな論文が多くあります。しかし、組織で仕事を進めているという連帯意識が低いままでは、課題の解決に時間がかかり手遅れになりかねません。上司や同僚をうまく巻き込んで、協力を得ながら進めたほうが効率的であり、採点官の評価も高くなります。

　係長試験の第 2 章（本論）を見てみましょう。

【出題テーマ】目標による管理

　困難な課題を克服し、質の高い市民サービスを提供していくためには、職員一人ひとりが組織目標を意識し、その達成に向けて能力を存分に発揮する必要があります。係長として「目標による管理」をどのように実践するのか、あなたの考えを述べなさい。

✕ ダメ論文　　部下への指示だけで解決を模索

2. 目標達成に向けて取り組むべきこと

　組織目標を達成するために、私は係長として次のことに取り組む。

　第一に、明確な組織目標を定める。私は係長として強いリーダーシップを発揮して、課長から示される課の目標を踏まえて、係の全員が納得する係目標を設定する。その際、昨年度の係の全業務を振り返り、課の目標達成に寄与できなかった業務の改善を指示する。

　第二に、進捗管理を徹底する。PDCA サイクルを回しながら計画的に担当業務を遂行するよう係員に明確な指示を出し、月末には全員からの進捗報告を受ける。予定スケジュールからの遅れを確認した場合には、その原因を追究して速やかに課題解決を図る。

第三に、チームワークを強化する。個々の職員が個人目標の達成に躍起になって取り組んでも組織目標を達成することはできない。そこで私は、朝のミーティングで組織目標を読み上げて確認する機会を設け、チームで仕事をしている意識を高める。また、事業ごとにメイン担当とサブ担当をつけて二人体制で行う仕組みを構築し、仕事を一人で抱え込まないように指示を出す。

○ 合格論文　　上司・部下の協力を得ながら解決に向かう

2. 質の高い市民サービスをワンチームで

係全員の強い結束により組織目標を達成するため、係長としてのリーダーシップを発揮し、私は以下の三点を実践する。

第一に、全職員の参画を得て明確な組織目標を定める。年度当初に課長から示される組織目標について、課長の考えをしっかりと理解して係会議で全職員に伝える。そのうえで、私は人事考課制度の実効性を高めるために、係会議での活発な議論を踏まえて課長と十分な意見交換を行って係目標を設定する。また、全職員との面談を実施して係長としての考えを伝え、個人の能力よりも少し高い個人目標を設定させる。これにより、組織目標の共有を図り、職員のさらなる成長を促すことができる。

第二に、個々の職員に権限を移譲したうえで、自らの業務の進捗管理を徹底させる。最も信頼できる中堅職員には、係目標の達成に向けた進捗管理を担わせ、業務の節目での報告を受けて助言をする。課題が見つかった際には係会議で改善点を見出し、困難な課題については課長に報告をしたうえで指示を仰ぐ。これにより、個々の職員が自己統制を図り、自己実現につなげていくことができる。

第三に、組織目標を達成するための求心力を高める。個々の職員の業務報告の場となりがちな係会議に、課題解決に向けた係研修の要素を取り入れ、全職員が持ち回りで内容を企画して先進事例の勉強会を行う。困難な課題の解決に向けて、知恵を絞り議論を重ねて全員が手を携えて解決の糸口を探ることでコミュニケーションが活発化し、求心力の向上につなげることができる。

8 「主述のねじれ」を スッキリと解消する

　試験当日、極度の緊張状態が災いしたのか、一度読んだだけでは理解できない難文やなんとなく理解はできても違和感を覚える悪文を書いている受験者がいます。特に目立つのは、主語と述語がかみ合っていない「ねじれ文」です。これは採点官の印象が悪く、大きな減点を招くことになってしまいます。

　主述のねじれ現象には、いくつかのパターンがありますが、主なものをご紹介しましょう。

そもそも係り受けが成立していない

×　地域コミュニティを活性化するための大きな<u>課題</u>は、自治会や商店会などの役員が<u>高齢化している</u>。

○　地域コミュニティを活性化するための大きな<u>課題</u>は、自治会や商店会などの役員が<u>高齢化していることである</u>。

　×事例は、「課題は」という主語に対して、「高齢化している」という動詞の述語で受けており、ねじれ文になっています。ねじれを解消するためには、「高齢化していることである」「高齢化している点である」などとして名詞で受けるとよいでしょう。

二つ目の主語を明示できていない

×　<u>自治会や商店会など</u>が地域イベントを開催しても、日本語がうまく話せないことが障壁となり<u>参加できていない</u>。

○　自治会や商店会などが地域イベントを開催しても、<u>外国人住民は</u>日本語がうまく話せないことが障壁となり<u>参加できていない</u>。

主語と述語の組み合わせが二つある複文の場合、二つ目の主語を省略すると意味が通らないねじれ文になってしまいます。文章を構造で捉えて、主語と述語のキャッチボールが成立しているか確認しましょう。

能動と受動の使い分けができていない

× 現状でも、年齢や性別、国籍などを問わず、誰もが参加できるような地域イベントは実施しているが、決して十分ではない。

○ 現状でも、年齢や性別、国籍などを問わず、誰もが参加できるような地域イベントは実施されているが、決して十分ではない。

この例文の「地域イベント」のように、主語となりうる語が生き物でないのに述語を能動表現にしてしまうと、ねじれ文になってしまいます。主語を変えずにねじれを解消するためには、述語を受動表現にするとよいでしょう。

並列表記をする際に片方の述語が脱落している

× 地域コミュニティを活性化させるためには、地域住民の参加意識や地域にある組織同士の連携を強化する必要がある。

○ 地域コミュニティを活性化させるためには、地域住民の参加意識を醸成するとともに、地域にある組織同士の連携を強化する必要がある。

二つのことを並列する際、×事例のように一つ目の述語が脱落しているために並列表記が成立していないケースが多くあります。二つ目の述語を共用できるならねじれ状態にはなりませんが、この事例で述語を共用させようとすると「地域住民の参加意識を強化する」という読み方をしなければならず、意味が通りません。したがって、「地域住民の参加意識を醸成する」として述語を補い、ねじれを解消する必要があります。

このような初歩的なミスで減点されることがないように、論文を書き終えたら目を皿のようにしてチェックしてください。

9 ピースを操り「言葉の パズル」を完成させる

　主語や述語、修飾語などのピースを組み合わせてつくる「言葉のパズル」。それが文章です。これらのピースが適切な位置にないと、組み合わせが悪いため安定せず崩れてしまいます。論文を書く際も、このことを意識してピースの順番を入れ替えたり、足りないピースを補ったりしながら、簡単には崩れない美しいパズルを完成させる必要があります。

　管理職試験の第3章（解決策）の抜粋を見てみましょう。

【出題テーマ】住民との協働

　市政を取り巻く環境が大きく変化している中で、新たな市民ニーズに的確に対応していくためには市民との協働が欠かせません。このことについて、本市はどのように取り組むべきか、あなたの考えを論じてください。

✕ ダメ論文　　思いついた言葉を思いついた順に並べている

3. 地域の活力をみなぎらせるために

　<u>活性化を</u>地域との協働により実現するために、<u>重点的に</u>以下の三点を実践する。

　第一に、地域活動の担い手づくりを進める。自治会が地域活動の核として機能するためには加入率を高める必要があるため、<u>年間行事や災害時に担う重要な役割</u>をわかりやすくまとめたリーフレットを作成し、転入手続きの窓口に置く。また、市ホームページや広報紙、公式SNSを活用して、各自治会の活動内容や特色を市民にアピールしていく。さらには、<u>民間事業者</u>からノベルティグッズの寄付を募り、防災訓練や地域イベントなどへの参加者を増やすために活用する。これにより、<u>市民に</u>自治会が担っている重要な役割が理解され、参加への障壁を取り除くことにつながる。

---

3. 活力みなぎる地域をつくるために

　地域との協働により活性化を実現するために、以下の三点を重点的に実践する。

　第一に、地域活動の担い手づくりを進める。地域活動の核として機能している自治会の加入率を高めるため、災害時に担う重要な役割や年間行事などをわかりやすくまとめたリーフレットを作成し、転入手続きの窓口で手渡す。また、市ホームページや広報紙、公式SNSを活用して、各自治会の活動内容や特色をアピールしていく。さらには、防災訓練や地域イベントなどへの参加者を増やすために、民間事業者からノベルティグッズの寄付を募り参加者に配布する。これにより、自治会が担っている重要な役割が市民に理解され、参加への障壁を取り除くことにつながる。

　ダメ論文のリード文にある「活性化を地域との協働により実現する」という表現は、手段と目的を混在して表現しているために理解しづらくなっています。言葉のピースを入れ替えて「地域との協働により活性化を実現する」とすれば、手段（地域との協働）と目的（活性化の実現）を順序立てて読み手に伝えることができます。

　また、ダメ論文の「重点的に以下の三点を実践する」という表現は、「重点的に」という修飾語の位置が適切でないため、「実践する」の直前に移動します。このような修飾語は近くにある言葉と磁石のようにくっつきたがる習性があるため、被修飾語の直前に置くようにしましょう。

　さらに、ダメ論文の本文にある「年間行事や災害時に担う重要な役割」という並列表記は、長いワードを先に書くことで読み手が理解しやすくなるため、「災害時に担う重要な役割や年間行事」とします。

　このように、主語や述語、修飾語などのピースを自由自在に入れ替えて「言葉のパズル」を完成させ、読後感が良い論文に仕上げましょう。

10 つながりが悪い文には「潤滑油」を注す

　箇条書きの文を並べたようなぎこちない文章は、採点官がテンポよく読むことができないため、高得点を望むことはできません。そこで、潤滑油のような役割を果たす「つなぎ表現」を用いて、ぎこちなさを解消する必要があります。

　管理職試験の第2章（問題点）を見てみましょう。

【出題テーマ】職員の能力開発
　時代の変化に適応し、高度化・複雑化する行政課題に的確に対応していくためには、職員の能力開発に積極的に取り組んでいくことが重要です。このことを念頭に、あなたは何を実践するのか具体的に述べなさい。

✕ ダメ論文　「つなぎ表現」がないため流れが悪い

2. 職員の能力開発が進まない理由

　職員の能力開発を進めるにあたり、次のような課題を抱えている。

　第一に、政策形成能力が備わっていない。「選択と集中」によりスピード感を持って対応していくことが不可欠である。しかし、新たな課題が顕在化した際、その課題の本質を見極めて効果的な政策を立案できる職員がいないため、既存事業を優先する結果となっている。

　第二に、地域経営の意識が希薄である。軽犯罪の増加や地域コミュニティの衰退など、地域特有の課題が顕在化している。これらを解決するためには、地域と協働する必要があるが、地域は苦情や陳情の源だという意識が根強い職場もあり、現場に足が向いていない。

　第三に、モチベーションの低下である。自己申告制度や業績評価制度を活用しながら、個々の職員の性格や個性に着目した対応が重要である。し

かし、職員の能力や適性を伸ばすという視点が欠落したまま職員面接を行っているため、キャリアデザインを構築できていない。

○ 合格論文　「つなぎ表現」によりテンポよく読める

2. 職員の能力開発を阻むもの

　限られた行政資源を有効活用しながら、多様化する行政課題に的確に対応していくためには、以下の課題を解決する必要がある。

　第一に、政策形成能力が十分に備わっていないことである。防災や福祉、子育て支援など行政需要は多岐にわたっており、「選択と集中」によりスピード感を持って対応していくことが不可欠である。しかし、新たな課題が顕在化した際、その課題の本質を見極めて効果的な政策を立案できる職員は限られており、既存事業を優先してしまう傾向にある。

　第二に、地域経営の意識が希薄なことである。社会状況の変化に伴い市民ニーズが多様化する中、軽犯罪の増加や地域コミュニティの衰退など地域特有の課題が顕在化してきている。これらを解決するためには、地域住民との協働が不可欠であるが、地域は苦情や陳情の源だという意識が根付いている職場もあり、現場に足が向かない職員が少なからず存在する。

　第三に、モチベーションの向上が図れていないことである。モチベーションは成果に直結すると言われており、自己申告制度や業績評価制度を活用しながら、個々の職員の個別性に着目して対応することが重要である。しかし、個々の適性を見極めて能力を伸ばすという目的意識が薄い傾向にあるため、上司が部下に対して行う面接ではキャリアデザインの構築を促すのが難しく、モチベーションの向上につながっていない。

　管理職論文の第2章では、三つの問題点についてそれぞれ概要を述べたうえで具体的な記述に入っていきます。しかし、この「概要」から「具体的な記述」にスムーズに移行できていない論文が少なくありません。潤滑油のような役割を担う「つなぎ表現」を添えて、採点官がテンポよく読めるように工夫することで、好印象の論文に仕上げてください。

Column 2 　合格体験記【管理職試験・30歳代男性】

1. 合格までのロードマップを作成する

　テレビを見たり愛犬と過ごしたりしながら時間を浪費する癖があるため、まずは自分自身を律するために「合格までのロードマップ」を作成しました。それを家族全員が見られるリビングに貼ったところ、家族全員が応援してくれるようになりました。8月の試験日をゴールとして4月1日にスタートを切りましたが、ゴールデンウィークまでの1か月で「職場もの」を1本と「政策もの」を3本の計4本の論文を完成させました。5月は完成させた論文をひたすら暗記するために時間を使い、6月からは他のテーマが出題された場合を想定してアレンジしながら書く練習をしました。

2. 問題用紙の余白で構成を練る

　試験当日は2時間で約2000字を書き上げるため、時間的な余裕はありませんでしたが、出題の意図や背景を理解したうえで論文の骨格をつくるために最初の20分を使いました。いきなり書き始めないで問題用紙の余白を使って構成を練ったこの20分がとても重要であったと思っています。

　最低でも10分を残して論文を書き上げたかったのですが、実際に残った時間は5分程度しかなく、その5分を誤字・脱字がないかの確認に使いました。細心の注意を払って書いたつもりでしたが、数か所の誤字・脱字が見つかり、大急ぎで訂正しました。

3. 受験者へのエール

　2題出題されて1題を選択して書くのは、主任・係長試験と同様ですが、明らかに異なる点は、暗記した論文をそのまま書ける可能性が低いということです。このため、多少のアレンジを加えれば対応できるような汎用的なテーマの手持ち論文を1本でも多く用意しておく必要があります。受験は自分との孤独な闘いですが、家族の応援があれば心強いと思います。

第 3 章

さらなる加点を
ゲットする
ブラッシュアップ術

1 修飾語をトッピングして「深み」を出す

　つい、「なんだか物足りないなあ」と感じてしまう、サラリとした論文を書く人がいます。その原因は、修飾語にあります。文章は修飾語が足りないと説得力に欠ける淡白なものになってしまいます。事例を見てみましょう。

✕ ダメ論文

> 　社会経済情勢が変化する中で、市民の意識やライフスタイルなども変わりはじめ、市民ニーズが複雑化・多様化してきている。

　いかがでしょうか。修飾語が足りないために、少し薄っぺらい印象があると思います。それでは、修飾語をトッピングしてみましょう。

◯ 合格論文

> 　社会経済情勢が**大きく**変化する中で、市民の意識やライフスタイルなども**急速に**変わりはじめ、市民ニーズが複雑化・多様化してきている。

　「大きく」「急速に」という二つの修飾語を補うだけで、説得力が格段に高まったことを実感できます。さらに事例を見てみましょう。

✕ ダメ論文

> 　市民ニーズを捉えた質の高いサービスを提供するためには、職員一人ひとりの能力を向上させる必要がある。

○ 合格論文

　市民ニーズを**的確**に捉えた質の高いサービスを提供するためには、職員一人ひとりの能力を**さらに**向上させる必要がある。

　それでは、適切な位置に修飾語を補っただけで淡泊な印象の序論が説得力抜群の序論に変わった事例を見てみましょう。

✕ ダメ論文

　社会経済情勢が変化する中で、市民の意識やライフスタイルなども変わりはじめ、市民ニーズが複雑化・多様化してきている。また、各地で発生している自然災害や世界的な感染症の拡大などもあり、市民の不安が高まっている。

　このような状況下で、市民ニーズを捉えた質の高いサービスを提供するためには、職員一人ひとりの能力を向上させる必要がある。そのためには、主任が中心となり後輩職員を指導・育成しなければならない。

○ 合格論文

　社会経済情勢が**大きく**変化する中で、市民の意識やライフスタイルなども**急速**に変わりはじめ、市民ニーズが複雑化・多様化してきている。また、各地で発生している自然災害や世界的な感染症の拡大など**前例のない事態**が生じており、市民の不安が**ますます**高まっている。

　このような状況下で、市民ニーズを**的確**に捉えた質の高いサービスを提供するためには、職員一人ひとりの能力を**さらに**向上させる必要がある。そのためには、**係長の補佐役である**主任が**親身**になって**寄り添いながら**後輩職員を指導・育成しなければならない。

　自分の論文を読み返したときに、どこか説得力に欠けると感じたら、修飾語を追加できる箇所がないかという視点で考えてみてください。

2 「冴えない解決策」を ブラッシュアップする

　「それで本当に解決できる？」と首を傾げたくなる論文が、とても多くあります。しかし、ほんの少しの工夫で説得力を高めることができるケースも少なくありません。

　ポイントは、解決策をより具体的に、「どうやって」「どのように」行うのかを論述することです。

　係長試験の第2章（本論）を見てみましょう。

【出題テーマ】成果を追求する組織づくり

　市民の負託に応えるためには、全体の奉仕者であるという自覚を持って積極果敢にチャレンジし、成果を追求する組織づくりが重要です。このことについて、あなたは係長としてどう取り組むのか具体的に述べなさい。

✕ ダメ論文　　平板な解決策で説得力に欠ける

2. 最小単位の組織として

　成果を追求する組織をつくるため、私は係長として次の三点について実施する。

　<u>第一に、仕事の進捗状況の管理である。</u>年度当初に定めた目標に向かって係員が個々に担当業務の進捗状況を管理するだけでは、課題の発見が遅れて手遅れになることもありうる。そこで、係会議の場で各々の担当業務の進捗状況を報告し合うようにする。進捗が思わしくない場合は、全員の目で早めに課題を見つけ、解決策について話し合う。

　<u>第二に、限られた人員の有効活用である。</u>いくら仕事が忙しいとはいえ、簡単に人員を増やしてはもらえない。そうであるならば、現在の人員を育成しながらやりくりしていくべきである。自らの経験をもとに、係員に受

講させたい研修があれば積極的に受講を勧め、受講後は仕事に活かしてもらう。また、係内ではベテランに若手の指導役を担わせ、常にペアで動いてもらうようにする。

　第三に、係員のやる気向上である。どんな組織でも、やる気のない係員は必ず存在する。そのような係員にもやりがいを持たせるために、可能な限り権限を委譲する。自分が信頼されていると思えば、やる気もアップするはずである。

◯ 合格論文　　同じ解決策でも内容に磨きををかける

2.　ワンチームで高い成果を

　係の結束力を高め、徹底的に成果を追求していく組織にするため、私は係長として以下の三点を実践する。

　第一に、目標による管理を徹底することである。上司からのトップダウンで組織目標を提示されても、係の結束力は高まらない。そこで私は、年度当初の係会議で明確な方針を示したうえで、係員全員の参画を得て係目標を設定する。その後、係員の能力や適性を踏まえた面接を行い、成果を重視した個人目標を設定させる。目標の達成状況は月末の係会議で報告し合い、全員の目で見守りながら管理していく。

　第二に、OJTにより組織力の底上げを図ることである。業務が多忙だからという理由で、人材育成がおざなりになっているケースは少なくない。係のマンパワーを着実に高めていくためには、OJTを実践することが肝要である。そこで私は、ベテランと若手でペアを組ませ、業務遂行の過程でベテランが若手の成長をサポートできるようにする。

　第三に、係員のモチベーションを高めることである。与えられた業務を淡々とこなすだけでは、組織に対する貢献意欲が高まらない。そこで私は、係員個々の業務が市政運営にどのように寄与しているかを説明し、能力に見合った権限を委譲することでやりがいを持たせていく。

　これら三つの方策を実践することで係の結束力が高まり、高い成果を追求するワンチームをつくることができる。

3　あっさり淡白な文章に「筋肉」をつける

　「添削をお願いします」と言って、自信なさそうな顔で論文を持ってくる受験者がいます。話を聞くと、自分で書いた論文を読み返して、物足りなさを感じつつも、その理由がわからないので改善できないと言うのです。

　物足りなさを解消するためにはどうすればよいか、主任試験の第2章（本論）の抜粋を例に考えてみましょう。

【出題テーマ】業務改善

　市民の負託に応え、満足度の高い施策を展開していくためには、常に市民目線に立ち業務改善を率先垂範することが大切です。このことを踏まえ、あなたは何を実践するのか具体的に述べなさい。

✕ ダメ論文　　淡白で説得力がない

---

2. 業務改善の推進役として

　私は、主任として次の三点を実践する。

　第一に、組織目標を意識しながら業務に取り組む。年度当初に設定した組織目標と個人目標が形骸化しないように、係会議やミーティングの機会を活用して進行管理を徹底する。業務の進捗状況を係の全員が共有できるようになれば、助言やアドバイスもしやすくなりチームワークの強化にもつながる。

　いかがでしょうか？　あっさりとしていて物足りない印象がありますね。字数が許す限り「これでもか！」と肉付けして説得力を高めてみましょう。

2. 市民目線で行う業務改善の推進役として

　業務改善を市民サービス向上につなげるため、私は主任として次の三点を実践する。

　第一に、組織目標の達成状況を強く意識しながら業務を遂行する。現状では、年度当初に設定した組織目標と個人目標がいつの間にか形骸化してしまう傾向にあり、成果を出すための進行管理が疎かになっている。そこで私は係長と相談したうえで、係会議で組織目標の達成状況を報告して全員で確認し合えるようにする。業務の進捗率や組織目標の達成状況を可視化して係内で共有できるようになれば、常に成果を意識しながら業務を遂行できるようになる。さらに、助言やアドバイスをしやすくなりチームワークの強化にもつながる。

　様々な表現を補って説得力が高い文章にしてみました。

　まず、見出しに「市民目線で行う」と付け加えます。次に、リード文に「市民サービス向上につなげるため」という表現を追加し、業務改善の目的を浮き彫りにします。

　また、原文では「第一に、組織目標を意識しながら」となっていましたが、改善例では「第一に、組織目標の達成状況を強く意識しながら」として、説得力を高める工夫をしました。

　このように、解決策では文字数が増えるのを恐れずに、自らが強いリーダーシップを発揮して主体的に行動することを採点者に訴えるようにしてください。

　論文を書いた本人が物足りなさを感じているようでは、採点官に意気込みは伝わりません。物足りなさを解消するために、徹底的に肉付けをするというひと手間を惜しまないようにしてください。

4 「なぜなぜ分析」で 問題点を掘り下げていく

　地域や職場に転がっている問題点を挙げ、より効果的な解決策を提示するためには、その課題がどうして起こったかという真因を究明しなければなりません。そこでお勧めしたいのが「なぜなぜ分析」です。

　事例を見てみましょう。

【出題テーマ】地域の活性化

　少子高齢化が急速に進む中、人口減少局面に入った我が国では、社会の活力を維持していくために地域を活性化することが不可欠です。このことを踏まえ、本市が果たすべき役割について、あなたの考えを述べなさい。

【事　実】　市民が市政に参画できていない。

【なぜ①】　市民に開かれた市政運営となっていない。

【なぜ②】　参画の仕組みが構築されていない。

【なぜ③】　参画手段としてパブリックコメント（パブコメ）制度があるが、市民の参画につながっていない。

【なぜ④】　パブコメ制度が市民に認知されていない。

【なぜ⑤】　意見募集の実施は、ホームページを見ないとわからない。

【真　因】　パブコメ制度で意見募集する際の周知方法が限定されている。
　　　　　　パブコメ制度以外の参画メニューが少ない。

このように、「市民が市政に参画できていない」という事実をもとに、「なぜなぜ分析」を進めて、「パブコメ制度の周知方法が限定されている」「参画メニューが少ない」という真因を突き止めます。

次に、「なぜ①」で浮かび上がった問題点の裏返しを第一の解決策に据えて論を展開していきます。最後に、真因を解決するための具体的な取組みを記述します。

○ 合格論文　　「なぜなぜ分析」をもとに解決策を書く

2. 市民の参画で地域活性化を

　地域ごとの特性を尊重しながら活性化を図っていくために、以下の方策を着実に実践していく。

　第一に、市民に開かれた市政運営を実現する。【なぜ①】

　地域ごとのニーズを踏まえた効果的な施策を展開し、地域特有の課題を解決するためには、そこに生活する市民の参画が不可欠である。【なぜ②】このため、パブリックコメント制度を活用して市民の意見を吸い上げようとしているが、有効に機能しているとは言い難い状況にある。【なぜ③】現状では、意見募集が実施されていることを知るためには、市のホームページを見なければならず、広く市民に周知する仕組みを構築することが課題である。【なぜ④】【なぜ⑤】

　そこで、メルマガや公式SNSを活用して市政の情報発信を続けながら、パブリックコメントの意見募集を周知する。また、市役所の市民ホールや図書館などに市政参画コーナーを設け、事業の進捗状況を広く市民に周知しながら広聴活動を行っていく。【真因を解決する方策】

　これにより、新鮮な情報が市民にダイレクトに届くようになり、市民の参画意欲を高めることにつながっていく。

このように、「なぜなぜ分析」によって真因を究明することで、説得力抜群の方策を提示できるようになります。

5 「タイムリーな話題」で臨場感を高める

　新鮮な情報、旬のネタ、タイムリーな話題を盛り込めるかどうかで、たった一人の読み手である採点官の印象はガラリと違ってきます。1日に70〜80本もの論文を採点する採点官からしてみれば、内容がアップデートされている論文の好感度が高いのは言うまでもありません。

　管理職試験の第1章（序論）の抜粋を見てみましょう。

【出題テーマ】脱炭素社会の実現

　気候変動の影響が顕著になっており、局地的な豪雨や土砂災害が多発するなど自然災害による脅威が高まっています。このことを踏まえ、脱炭素社会を実現するために本市はどのような役割を果たすべきか、あなたの考えを論じなさい。

✕ ダメ論文　使い古された表現ばかり

1. 地球温暖化対策の加速に向けて

　地球温暖化による影響は、世界各地に深刻な被害をもたらしている。日本においても、豪雨による土砂災害や河川の氾濫など、地球温暖化による自然災害が頻発している。

　これまでも市は、様々な環境施策を実施して地球温暖化対策に取り組んできたが、低炭素社会を実現するための重点施策を積極的に遂行していくことが求められている。

　地球温暖化対策についての一般的な記述に終始しており、使い古された切り口の論文という印象です。このような序論を書いてライバルたちに差をつけられると挽回するのは難しくなってしまいます。

○ 合格論文　タイムリーな時事ネタを盛り込む

1. 2050年カーボンニュートラルの実現に向けて

　気候変動に伴う深刻な被害が多発する中、世界は温室効果ガス排出量を2050年までにゼロにするという共通目標を掲げて取組みを加速させている。

　2030年までにカーボンハーフを達成するとした東京都は、新築戸建て住宅に太陽光発電パネルの設置を義務付ける条例を制定し、官民が緊密に連携して取り組んでいくことを表明した。

　このような状況を踏まえ、本市においても「SDGs推進ビジョン」及び「ゼロエミッション推進計画」を策定したところであり、脱炭素社会の実現に向けて重点施策を着実に遂行していかなければならない。

　このように、「世界的な動向」「都道府県の取組み」「本市の状況」という流れで書き、それぞれにタイムリーな話題を盛り込むようにすれば臨場感が高まります。

　次のように順番を入れ替えて、タイムリーな話題を書き出し部分に置くと、よりインパクトが高い序論に仕上がります。

◎ 合格論文　タイムリーな話題を冒頭に置く

1. 2050年カーボンニュートラルの実現に向けて

　東京都は、新築戸建て住宅に太陽光発電パネルの設置を義務付ける条例を制定したうえで、2030年までにカーボンハーフを達成するために官民が緊密に連携して取り組んでいくことを表明した。

　気候変動に伴う深刻な被害が世界中で多発していることを背景に、東京を含む世界398の都市は、温室効果ガス排出量を2050年までにゼロにするという共通目標を掲げて取組みを加速させている。

　このような状況を踏まえ、本市においても「SDGs推進ビジョン」及び「ゼロエミッション推進計画」を策定したところであり、脱炭素社会の実現に向けて重点施策を着実に遂行していかなければならない。

6 「宙に浮いた言葉」には述語を補足する

　昇任試験論文の添削をしているときに頻繁に遭遇するのが、「宙に浮いた言葉」「宙ぶらりんの表現」です。書いた本人が読み返す際には、強く意識しなければ気づきにくいので厄介です。

　主任試験の第 2 章（本論）の抜粋から、具体例を確認してみましょう。

【出題テーマ】人材育成

　質の高いサービスを提供するためには、職員一人ひとりの能力を向上させる必要があります。この点を踏まえ、後輩職員を指導・育成する立場にある主任はどのような役割を担うべきか、あなたの考えを述べなさい。

✕ ダメ論文　　必要な述語が抜け落ちている

2. 後輩職員の育成は主任の役割

　私は主任として後輩職員を育成するために、次のような役割を果たしていく。

　第一に、OJT の実践である。

　与えられた仕事の市政における位置付けや期限に追われて漫然と処理しているだけでは、能力向上も見込むことはできない。私はまず、仕事との向き合い方を理解させ、担当する事務事業がどの政策・施策に寄与するのかを体系的に説明するようにする。そして、その事務事業が与える影響を理解させるため、市民との折衝に後輩職員を帯同して、市民の生の声を聞かせる。

　このようにして、現場や市民の声を常に意識する職員とすることで、後輩職員の育成が市民サービス向上につながっていくことになる。

「与えられた仕事の市政における位置付けや期限に追われて」という表現は、必要な述語が脱落しているために「市政における位置付け」が宙に浮いている状態です。したがって、「市政における位置付け」がどうなっているから後輩職員の能力向上が見込めないのか、適切な述語を補足して宙ぶらりん状態を解消しなければなりません。

それでは、修正後の文章を確認してみましょう。

⭕ 合格論文　**適切な言葉をしっかりと補う**

---

2. 育成は市民サービス向上のため

後輩職員の成長を市民サービスの向上につなげるために、私は以下の方策を実践する。

第一に、伴走型のOJTを実践する。

与えられた仕事の市政における位置付け**も理解せず**、期限に追われて漫然と処理しているだけでは、能力の向上は期待できない。そこで私は、仕事に臨む心構えを説き、<u>後輩職員が</u>担当する事務事業がどの政策・施策<u>の実現</u>に寄与するのかを体系立てて説明する。また、その事務事業が<u>市民生活</u>に与える影響を理解させるため、市民との折衝に<u>赴く際</u>は後輩職員を帯同して、市民の生の声を聴かせる。

このような<u>伴走型のOJTを実践</u>して、現場<u>の状況</u>や市民の声を常に意識しながら<u>業務を遂行する</u>職員として育成できれば、後輩職員の成長が市民サービス向上という対価を生む。

修正後の合格論文からもわかるように、「宙に浮いた言葉」「宙ぶらりんの表現」が生まれる原因は、「述語の脱落」だけではありません。「主語の省略」や「修飾語の記載漏れ」などを放置して、言葉足らずなまま文章を完結させている受験者が驚くほど多いのです。

合格をつかむためには、自分が書いた論文を読み返す際に、「宙に浮いた言葉」「宙ぶらりんの表現」がないか、「言葉足らずの文」になっていないかをしっかりとチェックする必要があります。

7 「こと」「もの」は 大胆に断捨離する

　文章を書く際に「こと」「もの」を多用する人がいます。冗長な表現が多い論文だと思われないように、「こと」「もの」は思い切って断捨離するのがお勧めです。係長試験の第2章（本論）の抜粋を見てみましょう。

【出題テーマ】チームワークの向上
　社会の潮流が大きく変化する中、質の高い市民サービスを安定的に提供していくためには、組織のチームワークを良好に保つ必要があります。職員一人ひとりが個々の能力を最大限に発揮し、チームとして業務を遂行していくためにどのように行動するのか、あなたの考えを述べなさい。

✕ ダメ論文　　　「こと」「もの」のオンパレード

---

2. チームワークを向上させることで質の高いサービスを
　私は係長として、次の取組みを行うことで、係のチームワーク向上を目指していく。
　第一に、コミュニケーションを円滑にすることである。自らが担当している業務に没頭して他の職員が行っていることに無関心な職員が多いと、係のチームワークが向上することを望むこともできない。私は、パソコンのキーボードを叩くことに没頭している職員に対しても、積極的に声をかけることにより、若手職員との会話に引き込んでいく。そして、豊富な経験から若手職員に伝えられるものをベテラン職員から引き出すことで、若手職員のOJTに活かしていく。このことによって、業務中の会話が増えることとなり、風通しが良くなるものと思われる。

　「こと」「もの」は、動詞を名詞化できる便利な言葉ですが、多用してし

まうと適切な表現を考えるのを放棄していると判断されてしまいます。次のような簡易な表現に言い換えてみましょう。

チームワークを向上させる<u>こと</u>で　→　チームワークの向上により

次の取組みを行う<u>こと</u>で　→　次の取組みによって

円滑にする<u>こと</u>である　→　円滑にする

他の職員が行っている<u>こと</u>に　→　他の職員に

向上する<u>こと</u>を望む<u>こと</u>もできない　→　向上は望めない

キーボードを叩く<u>こと</u>に没頭　→　パソコンに向かっている

声をかける<u>こと</u>により　→　声かけを行って

若手職員に伝えられる<u>もの</u>　→　経験豊富なベテラン職員の意見

ベテラン職員から引き出す<u>こと</u>で　→　ベテラン職員から引き出して

この<u>こと</u>によって　→　これにより

会話が増える<u>こと</u>となり　→　小さな話し合いが生まれるようになり

風通しが良くなる<u>もの</u>と思われる　→　風通しが良くなる

次のように「こと」「もの」を大胆に断捨離すると、スッキリ明快でテンポよく読める論文になります。

○ 合格論文　「こと」「もの」を断捨離してスッキリ

2. がっちりとスクラムを組んで

困難な課題にも怯まず、がっちりとスクラムを組んで果敢に立ち向かう組織をつくるために、私は係長として以下の三点を実践する。

第一に、コミュニケーションを円滑にする。自らの担当業務に没頭して他の職員に無関心な職員が多いと、係のチームワーク向上は望めない。私は黙々とパソコンに向かっているベテラン職員に対しても、積極的に声かけを行って会話の中継役を担う。そして、若手職員に助言する際には、経験豊富なベテラン職員にも意見を求めたりしながら、若手職員のOJTに活かしていく。これにより、業務が進捗する過程で小さな話し合いが自然に生まれるようになり、係内の風通しが良くなる。

8 「バラバラな品詞」は揃えてから列挙する

　言葉を列挙する際のルールは、「AやB、C」「A、B及びC」となります。しかし、「A（名詞）」「B（動詞）」「C（形容詞）」のように、品詞がバラバラなまま列挙している論文は、主任・係長試験だけでなく管理職試験でも数多く見受けられます。文章を書く際のルールを基本に立ち返って再確認したうえで、品詞をしっかりと揃えてから列挙する必要があります。

　管理職試験の第3章（解決策）の抜粋を見てみましょう。

【出題テーマ】防災まちづくり

　市政に関する世論調査で市の重点課題だと思うものを尋ねると、常に回答数が上位となるのが「防災まちづくり」です。この結果から、市民は地震や水害に対する不安を抱きながら日常生活を送っていることがわかります。このことを踏まえ本市は、災害に強い安全・安心のまちづくりをどのように進めるべきか、あなたの考えを述べなさい。

✕ ダメ論文　　様々な種類の品詞が混在

3. 市民の生命と財産を守るために市が行うべき三つの方策

　誰もが安全、安心して、快適な生活を送ることができるように、市は次のような取組みを行う必要がある。

　第一の取組みは、首都直下地震の発生を想定した対策の推進である。特に、老朽化した橋梁を耐震化したり、利用者の少ない歩道橋の撤去、避難路を確保することも重要である。橋梁をはじめとする都市基盤施設は、老朽化してから補修を行う対症療法型によるのではなく、予防保全型にシフトさせ、先手先手で大地震への備えを進めていかなければならない。また、狭い、建物が密集している、オープンスペースが不足していることなど、

木造住宅密集地域が抱える課題を解消するために、細街路拡幅事業に予算の重点配分を行い、スピード感ある対応をしていく必要があるだろう。

○ 合格論文　　**品詞を揃えて読みやすくする**

3. 市民の尊い命と大切な財産を守るために

　誰もが安全・安心で快適な生活を送ることができるように、以下の方策を実践していく。

　第一に、首都直下地震の発生を想定して防災まちづくりを行うことである。老朽化した橋梁の耐震化、利用者が少ない歩道橋の撤去及び安全な避難路の確保を急ぐ必要がある。橋梁をはじめとする都市基盤施設は、老朽化してから補修を行う対症療法型の対応ではなく、予防保全型へとシフトさせ、先手を打って大地震への備えを進めていく。また、狭い道路に面して建物が密集して建っていることやオープンスペースが不足していることなど、防災面で多くの課題を抱えている木造住宅密集地域においては、細街路拡幅整備事業に予算を重点配分し、スピード感を持って対応していくこととする。

　「誰もが**安全、安心して、快適な**生活を送る」という表現は、「安全」という名詞と「安心して」という動詞、「快適な」という形容詞が並列列挙されています。品詞を形容詞に揃えて表現すると、「誰もが**安全・安心で快適な**生活を送る」となります。

　「老朽化した橋梁を**耐震化したり**、利用者の少ない歩道橋の**撤去**、避難路を**確保すること**も重要である」という表現も、「動詞＋名詞＋動詞の名詞化」の並列列挙となっています。この場合は、品詞を名詞に揃えて「老朽化した橋梁の**耐震化**、利用者が少ない歩道橋の**撤去**及び安全な避難路の**確保**」と表現すればスッキリします。

　論文を書き上げたら、品詞が揃っているか必ずチェックするようにしましょう。

9 最終章の結論は 「起承転結」で書く

　3章構成でも4章構成でも、最終章には結論と決意表明を書いて締めくくります。しかし、なぜか読後感がスッキリしない論文が少なくありません。その要因を分析してみると、いずれの論文にも共通点がありました。それは、自分自身を採点官に売り込もうとする訴求力が弱いということです。

　そこでお勧めしたいのが、最終章は「起承転結」を用いて戦略的に締めくくるということです。例えば、人材育成がテーマの場合には、

【起】 人材育成は市民サービスの原点である。

【承】 限られた人材で市民の負託に応えるには、個々の職員の能力を向上させなければならない。

【転】 そのため係長が率先してOJTに取り組むことが不可欠である。

【結】 私は部下の成長請負人としての役割を果たし、市政の発展に貢献していく決意である。

　このような流れで最終章を構成して締めくくれば、テンポよく読める説得力の高い論文に仕上がります。

　それでは、管理職試験のダメ論文と合格論文の最終章（第4章）を比較してみましょう。

【出題テーマ】脱炭素社会の実現

　気候変動の影響が顕著になっており、局地的な豪雨や土砂災害が多発するなど自然災害による脅威が高まっています。このことを踏まえ、脱炭素社会を実現するために本市はどのような役割を果たすべきか、あなたの考えを論じなさい。

✕ ダメ論文　　【起】と【承】のみで構成

> ## 4. 持続可能な地域社会の形成に向けて
>
> 　地球温暖化の影響は深刻であり、持続可能な地域社会の形成に向けて、全国の自治体の役割がますます重要性を増している。市は、住民や事業者とともに知恵を絞り、創意工夫を重ね、脱炭素社会を目指して着実に努力していかなければならない。

　この解答例は、【起】と【承】のみで構成されているため、尻切れトンボのような終わり方になっています。説得力に欠けており、読後感も悪いため、合格点をもらうのは難しくなります。

　それでは、起承転結で書いた合格論文の最終章を見てみましょう。

○ 合格論文　　起承転結でテンポよく仕上げる

> ## 4. 持続可能な地域社会を実現するために
>
> 　【起】脱炭素社会の実現に寄与し、安心・快適な生活環境を次代に引き継ぐことは、「環境先進都市」を標榜する本市の使命である。【承】この使命を果たすためには、気象災害から住民の生命と財産を守り、市政のさらなる発展を担保する施策を積極的に展開しなければならない。【転】脱炭素化の障壁を取り除くために管理職が強いリーダーシップを発揮することが、「環境先進都市」の実現にもつながると私は確信している。【結】私は科学的知見や技術革新の動向を踏まえた組織運営に努め、持続可能な地域社会を実現するために全力を傾注する覚悟である。

　序破急で書くケースが多い最終章ですが、合格論文では、以下のような構成にすることで、採点官に好印象を与えることに成功しています。

【起】本市の使命
【承】本市の役割
【転】管理職の役割
【結】決意表明

10 「助詞の総点検」を敢行する

「文章は助詞の使い方で決まる」と言っても過言ではありません。しかし、合格をつかむために必死で努力を重ねている多くの受験者には、そのことに気づく余裕がないように感じられます。

ほとんどの場合、助詞のセレクトを間違えても意味は通じますが、採点官に稚拙な印象を与えることになってしまいます。そこで、論文を書き上げたら、必ず助詞の総点検を敢行することをお勧めします。

係長試験の第2章（本論）の抜粋を見てみましょう。

【出題テーマ】チームワークの向上

　社会の潮流が大きく変化する中、質の高い市民サービスを安定的に提供していくためには、組織のチームワークを良好に保つ必要があります。職員一人ひとりが個々の能力を最大限に発揮し、チームとして業務を遂行していくためにどのように行動するのか、あなたの考えを述べなさい。

✕ ダメ論文　　助詞の使い方がイマイチ

2. チームワーク向上へ向けて

　係のチームワークを向上させ、質の高いサービスを市民に提供していくため、私は係長として次の三点について実施する。

　第一に、目標による管理の徹底である。同じ目標の達成に貢献しようとする過程において係の結束力が高まっていく。しかし、目標設定した年度当初は組織目標の意識をしながら仕事をするものの、多忙を極める中で目標そのものも形骸化しがちである。そこで私は、係目標の設定過程に全員で参加させ、全員が納得をしたうえで決定する。また、個人目標の達成状況についても適切に進行管理するために、四半期ごとに係会議において進

捗状況の報告をさせて課題の共有をする。これにより、目標の達成へ向け
て協力し合える体制の構築をすることができる。

○ 合格論文　　適切な助詞にブラッシュアップする

2. チームワークの向上に向けて

　係のチームワークを向上させ、質の高いサービスを市民に提供していく
ために、私は係長として次の三点を実施する。
　第一に、目標による管理を徹底する。同じ目標を達成するために貢献し
ようとする過程で係の結束力は高まっていく。しかし、目標を設定した年
度当初は組織目標を意識しながら仕事をするものの、多忙を極める中で目
標そのものが形骸化しがちである。そこで私は、係目標の設定過程で全員
を参加させ、全員が納得したうえで決定する。また、個人目標の達成状況
を適切に進行管理するために、四半期ごとに係会議で進捗状況を報告させ
て課題を共有する。これにより、目標の達成に向けて協力し合える体制を
構築することができる。

　このように適切な助詞をセレクトすることにより、動詞をシンプルに使
うことができるようになるだけでなく、「〜について」「〜において」など
の遠回しな表現を用いる必要もなくなります。

動詞をシンプルに使う

　報告をさせる　　　→　報告させる

　課題の共有をする　→　課題を共有する

　体制の構築をする　→　体制を構築する

遠回しな表現を用いない

　次の三点について　→　次の三点を

　達成状況についても　→　達成状況を

　係会議において　→　係会議で

1. 重複表現はNG!

　採点官の印象を悪くする典型的なミスとして、同じような意味の言葉を重ねて用いる「重複表現」が挙げられます。例えば、「財政の健全化は、いまだに未解決の課題である」という表現や、「必ずしも必要のない作業が慣例として残っている」などの重複表現をよく見かけます。また、最終章の決意表明文でも「主任として尽力をつくしていく覚悟である」という重複表現が見られ、試験本番の極度の緊張状態を推し量ることができます。

2. 話し言葉はNG!

　会話で使う場合は気にならない「ら抜き言葉」や「い抜き言葉」「さ入れ言葉」も、論文試験に持ち込んでしまうと違和感満載となってしまいます。例えば、「多様な市民ニーズに応じれる市政の実現」、「世論調査の結果を見てると市民ニーズの変化を把握できる」、さらには「管理職として身を粉にしてやらさせていただく覚悟である」などの表記ミスが散見されます。

　また最近、特に目立つのが話し言葉の接続詞「なので」の多用です。これは独善的な響きとなる「だから」の使用を避けようとする場面で用いられることが多く、「情報が停滞しがちである。なので、気兼ねなく会話ができる雰囲気づくりをすることが肝要である」などと表現されます。

3. 誤字・脱字はNG!

　よく見かける誤字は、「コミュニケーションを計る」「自己啓発に務める」というものから、「不可決」「環元する」「補左する」「解善する」「専問」「接偶」などがあります。さらには、「住（み）続けたい」「多様（化）している」などの脱字に加え、「忙しい」を「忙がしい」とする送り仮名のミスも目立ちます。不合格者が犯したこのような凡ミスを教訓にして、試験会場では「心は熱く頭は冷静に」をモットーに臨む必要があります。

第 **4** 章

合格を
引き寄せる
プラスワンポイント

1 「書き出し三行」でライバルに差をつける

　論文の書き出しは、とても重要です。なぜなら、採点官の印象を大きく左右する部分だからです。

　しかし、決まりきった表現や使い古されたフレーズで無難に書き出している受験者が多いのが現実です。

　もしも、あなたが採点官だったとしたら、同じような書き出しの論文を1日で70本から80本も採点させられたら、どう思うでしょうか？

　「またこの書き出し？」「もう少し工夫できないの？」「ちゃんと自分の言葉で書いてよ！」。このように感じて、採点するのが苦痛になるかもしれませんね。

　AIが採点するなら、ありふれたオーソドックスな書き出しでも構わないかもしれませんが、どこの自治体も採点官は人間です。自分の言葉で書いたキラリと光る書き出しの論文に出合うと嬉しくなり、どんどん読んでみたいと思うはずです。

　主任試験の第1章（序論）の書き出しを見てみましょう。

【出題テーマ】業務改善

　市民の負託に応え、満足度の高い施策を展開していくためには、常に市民目線に立ち業務改善を率先垂範することが大切です。このことを踏まえ、あなたは何を実践するのか具体的に述べなさい。

✕ ダメ論文　　ありがちな書き出しで味気ない

1. 市民目線で業務改善を

　我が国は人口減少社会を迎えており、少子高齢化がますます進展している。景気は緩やかに回復しており、本市の税収も持ち直してはいるものの、

市民ニーズが複雑化・多様化している中で、まだまだ予断を許さない状況である。

オーソドックスな書き出しで無難な印象があるかもしれませんが、これでは「その他大勢」から抜け出すことはできません。

あなたが採点官だったとしたら、どのような書き出しを期待するか考えてみてください。

○ 合格論文　インパクトのあるワードで惹きつける

1. ますます重要性を増す業務改善

「消滅可能性都市」というショッキングな言葉がある。都心への人口流出や少子化の進行により存続できなくなる自治体を指す。全国の市区町村のうち約半数が消滅する恐れがあるとされている中で、本市も対岸の火事として傍観できる状況にはない。

このように、危機感を煽るようなワードで書き出すことで、問題意識の高さをアピールすることができます。

○ 合格論文　臨場感のあるセリフで惹きつける

1. 業務改善は待ったなし

「いつまで待たせんだよ！」。証明書発行の窓口で怒号が響いた。椅子に座れないほど混雑しており、廊下には立ったまま不機嫌な顔でスマホをいじっているお客様も多い。これは、年度末恒例の光景なのだ。

これは、インパクトがあるセリフで書き出すパターンです。混雑している窓口の状況が目に浮かんできて、採点官の好奇心をくすぐることに成功しています。臨場感のある「書き出し三行」でライバルに差をつけたと言っても過言ではないでしょう。

2 「エピソード」や「事実」に語らせる

　出題されたテーマの背景には、全国的なニュースでも報じられるような様々な出来事が隠れています。出題文の行間にひっそりと隠れて息をひそめている「エピソード」や「事実」に思いを巡らせてみましょう。そして、問題点や解決策を提示する際にそれらを活用すれば、説得力は格段に高くなります。

　係長試験の第2章（本論）の抜粋を見てみましょう。

【出題テーマ】安全・安心のまちづくり
　市民満足度を向上させ、市民の定住化を促進するためには、誰もが安心して健やかに生活できる安全なまちをつくることが重要です。このことを踏まえ、本市はどのようなまちづくりを進めるべきか論じてください。

✕ ダメ論文　　解決策は及第点だがどこか物足りない

2. まちの安全化への取組み
　市民満足度を向上させ、誰もが安心して暮らせる安全なまちをつくるためには、次の取組みが必要である。
　まず、火災が発生しても延焼しないまちにすることである。例えば、家を建て替える際に防火構造又は耐震構造にする費用の一部を助成するとともに、幅員4m未満の道路に面している家の建替えでセットバックした用地を寄付してもらい道路拡幅を行うことも有効である。長年、誰も住んでいない空き家は防犯上も問題があるため、解体費用に対する助成制度をつくることも検討する必要がある。
　次に、地域住民の協力体制を構築することである。例えば、自治会ではなく小学校単位で防災訓練を行うようにするとともに、防犯パトロールや

盆踊りなどについても、この単位で実施することにより参加率を向上させ、いざ災害が起こった際にも地域で協力できるようにしていく必要がある。

○ 合格論文　エピソードや事実で補強する

2. 市民の尊い命を守るために

　これまでも市は、防災まちづくりを重点事業に掲げて着実に推進してきたが、ずっと住み続けたいと誰もが思えるまちにするために、以下の方策をさらに実践していく。

　第一に、火災が燃え広がらないまちをつくることである。平成28年に新潟県糸魚川市で発生した大規模な延焼火災では、1軒のラーメン店から出火して約40000m²を焼失した。古い木造家屋が密集する地域が多い本市では、この大火災を他山の石として、消防車が入れない狭い道路の拡幅整備と木造家屋の防火・耐震対策を進める。

　具体的には、防火・耐震構造への建替え助成を行うとともに、幅員4ｍ未満の細街路に面した家屋の建替えの際には、セットバックした用地を市が寄付を受けて道路の拡幅整備を行う。また、木造住宅密集地域にある空き家の解体費用を助成することで、オープンスペースの確保を図る。これにより、燃え広がらないまちづくりに寄与することができる。

　第二に、地域の連帯意識を高めることである。平成7年の阪神・淡路大震災では、倒壊家屋などの下で生き埋めとなった要救出者が約35000人いたが、約8割の27000人が近隣住民と家族によって救出された。このことを教訓にして、本市でも地域コミュニティを活性化するための取組みを着実に進める。

　具体的には、これまで自治会という大きな単位で年1回実施してきた防災訓練を、小学校区で防災コミュニティ組織をつくり年数回実施する。児童の見守り活動や盆踊りなどのイベントもこの地域組織で行うことで、PTAや地元企業、商店街などの参加を促し、有事の際にも機能するよう連帯意識を高めていく。

3 常套句には「アレンジ」を加える

　長年、管理職を務めていると、同時に10人程度の受験者の論文を添削する年もあります。そこで気づかされるのが常套句の存在です。**ほとんどの受験者が必ずと言っていいほど用いているフレーズがある**のです。例えば、議会の所信表明で首長が述べた言葉や、基本計画や実施計画の表紙をめくると載っている首長あいさつに登場するキャッチフレーズなどは、常套句として使われることがよくあります。

　通常は50本以上、多い年には70〜80本もの論文を採点している採点官が、このような常套句を次から次へと繰り返して目にすることになったとしたら、どのように感じるでしょうか？　「またこれ？」「またかよ！」と嫌気が差すはずです。そこでお勧めしたいのが、**常套句にはアレンジを加えて新鮮味をもたせるというひと工夫**です。

　主任試験の第3章（結論）の抜粋を見てみましょう。

【出題テーマ】組織力の強化

　組織の最小単位である係において、職員が自らの役割を自覚し、協力し合える職場づくりを進めることが組織の強化には必要です。このことについて、係長を補佐する立場である中堅職員としてどのような役割を担うべきか、あなたの考えを述べなさい。

✕ ダメ論文　　区のキャッチフレーズをそのまま使っている

3.　「夢と誇りあるふるさと葛飾」の実現に向けて

　社会状況が大きく変化し、行政需要が複雑化する今こそ、効果的で効率的な区民サービスの提供が必要である。私は、区民の声と目線を大切にし、求められたサービスを適切に提供できる執行体制を築いていくため、係長

の補佐をしながら組織力強化に取り組んでいく。そして、「夢と誇りある ふるさと葛飾」の実現に向けて、全力で業務に取り組む決意である。

　「夢と誇りあるふるさと葛飾」の実現。これは葛飾区政のキャッチフレーズであり、広報紙やホームページ、各種計画などにも掲げられている全職員の共通目標でもあります。当然、昇任試験の受験者はこのキャッチフレーズを論文に盛り込むことになります。このため、金太郎飴のような決意表明文が完成してしまいます。

　それでは、「言葉のパズル」を完成させるために、ピースを入れ替えたり、新たなピースを追加したりしながら、ピリリとスパイスの効いた独創性に富んだ決意表明文に仕上げていきましょう。

○ 合格論文　　言葉を入れ替えてひと工夫する①

3. 46万区民のふるさとづくり

　社会経済情勢が大きく変化し、行政需要が複雑化・多様化する今こそ、効果的かつ効率的な区民サービスの提供が不可欠である。私は区民の声に真摯に耳を傾け、区民目線に立って課題解決を図り、真に求められているサービスを適切に提供できる執行体制を築くために、係長を補佐しながら組織力の強化に取り組んでいく。そして、夢と誇りを抱きながらずっと住み続けられる「ふるさと葛飾」を実現したい。私は主任として、46万区民のふるさとづくりに全身全霊を捧げる決意である。

○ 合格論文　　言葉を入れ替えてひと工夫する②

3. ずっと住み続けたいと誰もが思える葛飾に

　社会経済情勢が大きく変化し、……（中略）……

　そして、「ふるさと葛飾」に暮らすことに、46万区民が夢と誇りを抱けるようにしたい。その実現に向けて、私は主任としてふるさとを愛する区民のために全身全霊を傾注する覚悟である。

4 「キャッチボール技法」を巧みに使う

　序論に盛り込んだエピソードを、結論で再び登場させて論文を締めくくることを、私は「キャッチボール技法」と呼んで推奨しています。例えば、「市民サービスの向上」というテーマで書く場合、序論で「窓口に来た市民が待たされて怒っている」というエピソードを紹介したとします。本論で三つの問題点と解決策をそれぞれ提示して、いよいよ結論を書く際に、「窓口で用事を済ませて帰っていく市民の表情にも敏感な職員でありたい」などと結びます。これは、序論で投げたボールを結論でしっかりと受け止めているのでキャッチボールが成立しています。**問題提起のため序論で登場させたエピソードに、結論では明るい未来を連想させる役割を担わせると、読後感をスッキリさせることができます。**

　「キャッチボール技法」を巧みに使った事例をご紹介しましょう。

【出題テーマ】財政の健全化
　社会経済情勢が変化する中、気候変動に伴う大規模な災害の発生や少子高齢化のさらなる進展など、行政需要はますます高まっています。増大する財政負担に適応し、変化する市民ニーズに的確かつ柔軟に対応していくためには、財政基盤を安定させ健全化することが不可欠です。このことについて本市はどのように取り組むべきか、あなたの考えを述べなさい。

　このような取っつきにくいテーマの場合は、90ページで述べたように「エピソード」や「事実」に語らせるという手法を用いて、序論と結論のキャッチボールを成立させると説得力が高まります。

 **合格論文**　序論の「エピソード」と結論の「事実」を呼応させる

1. 悲鳴にも似た市民の声

「物価の高騰で家計が苦しい」「電気・ガス料金の値上げで家計がピンチ
だ」。先日、窓口を訪れたお客様が言い残していった言葉である。その年
配女性は1円でも安い卵を買うために、自転車で30分もかかるスーパー
に行くという。血税の重みを痛感させられる出来事であった。

少子高齢化対策や防災まちづくりに加え、一斉に老朽化が進む学校の建
替えなど行政需要は増大しており、経常収支比率が高い市の財政も予断を
許さない状況である。

今こそ、現場の最前線で働く職員が真の市民ニーズを把握したうえで、
その緊急性や優先度を勘案して事業のスクリーニングを行い、ヒト・モノ・
カネの行政資源を重点配分することによって財政基盤の安定化を図ってい
かなければならない。

……（中略）……

3. 血税の重みをこの胸に刻んで

物価の高騰に電気・ガス料金の値上げが重なり、市民の家計を直撃して
いる。必死で家計をやりくりしている市民が納めてくれた血税を使って、
我々職員は業務を遂行し、そして給料をもらっているのだ。

このことをしっかりと胸に刻み、事務事業の見直しと特定財源の確保に
努め、効率的な行政運営を図っていく必要がある。

変化する市民ニーズに的確かつ柔軟に対応しながら市民の負託に応えて
いくために、私は常に市民目線に立ちながら業務を遂行し、本市財政の健
全化に寄与していく覚悟である。

序論の書き出しには、血税の重みを痛感させられた「エピソード」を盛
り込み、事業のスクリーニングや行政資源の重点配分という問題解決の糸
口を示します。これを受ける結論には、我々職員が血税によって業務を遂
行し、給料をもらっているという「事実」を盛り込むことで、キャッチボー
ルが見事に成立します。

5 キラリと「光る言葉」を散りばめる

　もしも私が採点官だったとしたら、読み始める前に論文全体をざっと眺めます。なぜなら、秀逸な論文には必ずと言っていいほどキラリと光る表現や感性をくすぐる言葉が散りばめられているため、そのことを事前に確認したいからです。使い古された言葉だけを羅列したような論文は、最後まで読むのに忍耐力が必要ですが、**星のように「光る言葉」が随所に散りばめられている論文は、採点官にも心地よい刺激や新たな気づきを与えてくれるものです。**

　管理職試験の第1章（序論）の抜粋を例にご紹介しましょう。

【出題テーマ】成果を出すために管理職が果たすべき役割

　地球規模での気候変動が発生しており、脱炭素社会の実現やSDGsの達成など一朝一夕には解決できない重要な課題が、私たちに突きつけられています。このように変化が激しく将来を見通すのが困難な時代にあっても、積極果敢にチャレンジし成果を追求していく組織をつくるために、管理職はどのような役割を担うべきか、あなたの考えを述べなさい。

✕ ダメ論文　　無難にまとまっているが光らない

1. 困難な課題の解決を図るために

　地球規模の環境問題、人口減少や高齢化問題など、適切な対応策を立案して早期に取組みを開始しなければ手遅れとなりかねない課題が少なくないのが現状である。そこで、2030年に向けた持続可能な開発のための目標（SDGs）を達成するために積極的な事業展開をする中で、これらの課題の解決を図っていく必要がある。

　一方、国を挙げて働き方改革が進められる中で、ワーク・ライフ・バラ

ンスの実現に向けた取組みが本格化しており、住民の価値観も多様化し、心の豊かさを重視する住民も増えている状況である。このため、これまでのような画一的な対応では、住民との協働も成り立たなくなってきている。

　このような状況を踏まえ、管理職は強いリーダーシップを発揮して、成果を徹底的に追求する組織をつくっていかなければならない。

　個性のかけらもない極めてありきたりな序論です。これでは採点官の心を捉えることはできません。修正後の事例をご紹介しましょう。

○ 合格論文　「光る言葉」が満載

1.　我こそはファーストペンギン

　地球温暖化が気候変動を引き起こし、生態系に極めて深刻な影響をもたらしている。このまま手をこまねいていると2100年までに気温が3℃上昇して甚大な被害が発生し、世界のGDPは21％の損失を招くと言われている。さらには、予想をはるかに超えるスピードで進む少子化や人口減少など、市が解決すべき喫緊の課題は山積している。

　隊列を組んで移動する習性があるペンギンは、1羽が行動を起こせば皆がそれに従う。このことから、進取の精神で先頭に立って行動する人や企業に対して畏敬の念を込めて「ファーストペンギン」という言葉を使う。職員を鼓舞しながら組織の統率をとり、徹底して仕事の成果を追求していくためには、ファーストペンギンとしての重要な役割を担い、ピンチをチャンスに変えるべく積極果敢にチャレンジする強いリーダーが不可欠である。

　このように、出題テーマとの関連が深い「光る数字」や目を惹くような「光る言葉」が随所に盛り込まれていると、満天の星が輝いているような文章に仕上がり、序論だけで採点官の心をつかむことができます。

　ただし、「光る言葉」も使い方を誤れば、単なる冒険に終わってしまいますので、柔軟な発想でしっかりと作戦を練ってください。

6 決意表明は「高らかに」謳い上げる

　最終章を締めくくる**決意表明**は、「私を合格させてください」と採点官に訴えかける「**最後のお願い**」でもあります。最終章は、ほとんどの受験者が同じようなことを書いていると誤解されがちですが、実は**一発合格をつかみ取る人たちは、ひと工夫するのを怠っていません。**

　いくつかの事例をご紹介しましょう。

✕ ダメ論文① 住民満足度の向上（主任試験）

> 　市民の満足度を高めるためには、常に市民目線で物事を考え、現場重視で業務を遂行しなければならない。民間企業のように利益を追求するのではなく、公共の福祉を優先しながらサービスの質を高め、徹底して市民満足度を向上させていくことが職員の使命であると考える。

　語尾だけを抜き出してみると、「遂行しなければならない」「使命であると考える」という言い回しになっており、真の決意表明文にはなっていないことがわかります。採点官に自らを売り込む最後のチャンスを無駄にしないように、柔らかい発想で言葉を紡ぎだしてください。

◯ 合格論文① 住民満足度の向上（主任試験）

> 　市民サービスの質を高めて市民満足度の向上を図ることは、我々職員に課せられた最大の使命である。市民に最も近い現場の最前線で働くことができるという理由で公務員を志した初心を忘れることなく、これからも私は率先して現場に赴き、市民と膝を突き合わせて議論しながら地域課題を着実に解決していくことを強く心に誓う。

公務員を志した理由を盛り込んだことにより、インパクト抜群の決意表明に仕上がっています。「初心を忘れない」という言葉が新鮮で、採点官の心に響きます。

✕ ダメ論文② 防災まちづくり（管理職試験）

> 今般の財政状況が厳しい折、防災まちづくりに充てる予算も潤沢ではないが、組織が一丸となって課題に立ち向かわなければならない。私は管理職として職員の先頭に立ち、必ず発生すると言われている首都直下地震に備え、全ての市民が愛着を持ち、安心して住み続けることができる街をつくる覚悟である。

ありきたりで退屈な表現を並べても、採点官の心には響きません。特に、自治体が実施する世論調査でも常にトップ回答となり、住民の危機意識が極めて高い「防災まちづくり」のようなテーマでは、力強い言葉を散りばめないと説得力が高まりません。

◯ 合格論文② 防災まちづくり（管理職試験）

> 厳しい財政状況は、一朝一夕には改善に向かわないかもしれないが、市民の生命と財産を守る防災まちづくりは、攻めの姿勢を崩すことなく着実に推し進めていかなければならない。私は管理職として、職員一人ひとりが首都直下地震の切迫性を肌で感じながら、スピード感を持って対応できるように導き、先頭に立って困難を打開していく。ずっと住み続けたいと誰もが思う◯◯市にするために、全身全霊を傾ける決意である。

「私を合格させてください」という熱い思いが行間からもにじみ出ているような文章です。このように、不合格者が書いたありきたりな決意表明文と、合格者が書いた気迫あふれる決意表明文の違いは如実です。

洗練された表現を用いて高らかに謳い上げ、格式の高い決意表明文に仕上げてください。

7 「ルックス重視」で美しく締めくくる

　結論を書いて決意表明で締めくくる最終章は、「ルックス重視」だと言っても過言ではありません。つまり、採点官に「美しい未来」「明るい将来」を連想させることができるかどうかが、論文試験の合否を分ける重要な要素となります。

　管理職試験の第4章（結論）の事例をご紹介しましょう。

【出題テーマ】持続可能な地域社会の構築

　少子高齢化が急速に進展した我が国においては、2008年をピークに人口が減少に転じており、いよいよ人口減少社会に突入しました。このような人口減少下においても、本市は持続可能な地域社会を構築するために様々な施策を積極的に展開していかなければなりません。このことを踏まえ、あなたは管理職として何を実践するのか具体的に述べなさい。

✕ ダメ論文　　ネガティブワードのオンパレード

4. 持続可能な地域社会の実現に向けて

　<u>厳</u>しい財政状況が続き、本市は職員定数の<u>削減</u>や事業仕分けなどにより徹底した行財政改革を行っている。限られた財源と少数精鋭の職員だけで、市民サービスを<u>低下</u>させることなく地域課題を解決していくことは、もはや<u>不可能</u>であり、地域との協働が不可欠となっている。こうした現実から<u>目を背ける</u>ことなく、私は管理職として、持続可能な地域社会の実現に向けて、率先して自ら現場に出向き、地域住民との協働により地域の課題解決を図り、本市の<u>美しい未来を切り拓いていく</u>覚悟である。

　自らを律するために、あえて書いているのかもしれませんが、「厳しい」

「削減」「低下」「不可能」「目を背ける」という表現が続き、ネガティブワードだらけの論文となっています。これでは、「美しい未来を切り拓いていく」と力強く決意表明を行っても、採点官が美しい未来を思い描くことは不可能です。

「この論文には何点をつけようか」「この受験者はどのような人間か」。そう思いを巡らせながら採点官は最終章を注意深く読んでいます。このため、ネガティブワードを用いてルックスを崩すのは得策ではありません。

それでは、「ルックス重視」で書いた合格論文を見てみましょう。

◯ 合格論文　明るく前向きな言葉でアピールする

4. 地域住民との協働で築く活力みなぎるまち

　平成25年に策定した基本構想において、本市は目指すべき将来像として「住民との協働で築く安全・安心のまち」を掲げた。そして、新たな賑わいの創出を図り、地域の価値を高めるためにエリアマネジメントを実践してきた。この地道な取組みによって地域の若いリーダーたちが育ち、今先頭に立って活動を続けている。人口減少社会にあって地域コミュニティが希薄化している自治体も少なくない中、若いリーダーたちの存在は本市の大きな強みとなっている。私は「市民第一、現場第一」をモットーに、職員を帯同して率先して現場に赴き、この強みを有効に活用しながら地域のまちづくりを着実に前進させ、持続可能な地域社会の構築に全力を傾注する決意である。

　採点官の心をつかむ良い締めくくりです。まず、見出しに掲げた「活力みなぎるまち」が、明るい将来への期待を抱かせてくれます。次に、各地域で先頭に立って活動を続けている若いリーダーたちの存在を「強み」と表現したことで、持続可能な地域社会を実現できるかもしれないというワクワク感が生まれます。

　これが、採点官に美しい未来を連想させる「ルックス重視」の結論です。

1. 暗記してきたものをそのまま書かない

　完成論文を8本も用意して試験当日を迎えた受験者がいます。2題中1題を選んで書く論文試験の開始合図とともに問題用紙を開いたら、2題とも用意していたテーマだったため、どちらを選ぶか悩んだという贅沢な体験談を聞きました。しかし、実際には完成論文が1～2本しかなく、準備不足のまま試験当日を迎える受験者が少なくありません。当然、試験会場で想定外のテーマに遭遇することになりますが、暗記してきた完成論文をそのまま答案用紙に再現して合格できるほど、昇任試験は甘くありません。

2. 手持ち論文をアレンジして出題テーマに近づける

　試験会場で想定外のテーマに遭遇したら、手持ち論文に最も近い出題テーマを選んだうえで、手持ち論文をアレンジしながら書きましょう。例えば、「住民満足度の向上」というテーマで準備していたものの「業務改善」が出題された場合を想定してみましょう。手持ち論文では、第1章（序論）の最後の一文が「今こそ、現場の第一線を担う中堅職員が率先して行動することで、住民満足度の向上を図らなければならない」となっていますが、これをアレンジして「今こそ、係の中核を担う中堅職員が率先垂範することで、住民目線に立った業務改善を実践しなければならない」とします。本論の問題点や解決策、結論も同様に、言い回しの工夫によりアレンジすることで内容を出題テーマに近づけるようにしてください。

3. 出題文から拾ったキーワードを本文に散りばめる

　想定外のテーマが出題されたとしても、「的外れ論文」としないためには、出題文の中からいくつかのキーワードを拾って本文に散りばめます。

　例えば、出題文に「率先垂範」や「住民目線」という言葉があれば、これらの言葉を問題点や解決策にも盛り込むとよいでしょう。

第 5 章

典型的ダメ論文を斬る！
添削結果を
一挙公開

1 論点がズレた「的外れ論文」

　第1章の2で述べたように、合格論文を書くためには、「出題の意図」を深く分析することが欠かせません。しかし、出題の意図を読み間違えてしまうと、論点がズレた論文になってしまいます。いくら良いことを主張したとしても、これでは大幅な減点となってしまいます。

　主任試験におけるダメ論文の第1章（序論）を見てみましょう。

【出題テーマ】人材育成
　質の高いサービスを提供するためには、職員一人ひとりの能力を向上させる必要があります。この点を踏まえ、後輩職員を指導・育成する立場にある主任はどのような役割を担うべきか、あなたの考えを述べなさい。

　「人材育成」は、論文試験で出題される定番のテーマです。この場合、「職員の能力向上」や「後輩の指導・育成」について論じなければなりませんが、なぜか「組織力の向上」について書いた論文が目立ちます。

　確かに、「職員の能力向上」や「後輩の指導・育成」を行うと、「組織力の向上」につながりますが、いかにして育成するかを書かなければ論が成り立たなくなってしまいます。

✕ ダメ論文　　出題テーマから論点がズレている

1. 組織力の向上に向けて

　市民のライフスタイルや価値観の多様化などにより、本市を取り巻く環境も刻々と変化している。一方で、物価の高騰や膨大な感染症対策費などもあり、本市財政は大変厳しい状況となっている。

　これまで本市は、徹底した行財政改革を進めながらコスト削減や業務効

> 率化を図り重点事業に行政資源を振り向けてきたが、<u>厳しい財政状況にあっても質の高いサービスを提供していくためには、主任が中心となって組織力の向上を図る必要がある。</u>

　似ているテーマだからバレないだろうと安易に考え、暗記してきた違うテーマの論文をそのまま書いてしまうと、採点官はそのことを容易に見抜きます。

　この序論では、「質の高いサービスを提供するために組織力を強化する必要がある」と主張しています。一見して論点がズレていないように感じるかもしれませんが、組織力を強化するためには「活性化」や「チームワークの強化」「組織目標の共有」など様々な対策を本論で提示する必要があり、「後輩職員の指導・育成」とはかけ離れた文章構成になってしまいます。序論で論点がズレてしまうと本論で軌道修正するのは困難なので、注意してください。

◯ 合格論文　正しい論点で書いている

1. 組織力の底上げにつながる人材育成を

　本市は、SDGsの先進度ランキングや共働きで子育てしやすい街ランキングでも常に上位にランクインするなど高い評価を得ている。一方で市民世論調査の結果を見ると、首都直下地震や水害への備え、少子高齢化への対応に不安を抱いている市民の割合が急増している。

　これまで本市は、徹底したコスト縮減や業務の効率化により、ヒト・モノ・カネの行政資源を生み出して重点事業に振り向けてきた。しかし、<u>高度化しながら増大する行政需要に的確に応え、さらに質の高い市民サービスを提供していくためには、職員一人ひとりの能力を向上させる必要がある。</u>

　<u>今こそ、若手職員にとって最も身近な存在である主任が中心となって指導・育成を行い、組織力の底上げを図っていかなければならない。</u>

　合格者は、「人材育成によって組織力の底上げを図る」という明確な方針を序論に掲げて、しっかりと本論につないでいます。

2 型を守っていない 「我流論文」

　本書の第1章では、しっかりと「型」にはめて書く、そして「列挙の接続詞」を用いる、といったルールについて述べました。しかし、このことを知らずに、原稿用紙のマスを埋めて満足して帰る受験者が一定数います。残念ながら、論文の内容以前の問題であり、昇任試験に臨む資質が疑われることになります。

　係長試験におけるダメ論文の第2章（本論）を見てみましょう。

【出題テーマ】財政の健全化

　社会経済情勢が変化する中、気候変動に伴う大規模な災害の発生や少子高齢化のさらなる進展など、行政需要はますます高まっています。増大する財政負担に適応し、変化する市民ニーズに的確かつ柔軟に対応していくためには、財政基盤を安定させ健全化することが不可欠です。このことについて本市はどのように取り組むべきか、あなたの考えを述べなさい。

✕ ダメ論文　型を守らず我流で書いている

2. 財政健全化に向けて

　全国的に自治体の経常収支比率が上昇しており、厳しい財政状況にあるが、変化する市民ニーズに対応するためにサービスを拡充する傾向にあり、財政基盤が揺らいでいると言っても過言ではない状況にある。そこで、財政基盤を安定化・健全化させるための方策として、官民の協働を進めることでサービス提供主体が行政であるという意識に変化をもたらしていく必要がある。業者委託に多額の費用を費やしている駅前広場の清掃や花壇の管理、さらにはイベント広場の草刈りなど、民ができることは民に委ねるためにNPOやボランティアなどの地域活動団体との協定締結を進め、活動の成果に報いる認定制度や表彰制度を構築することも有効な方策である。

団体同士が連携・協力して活動できるように市は地域特性を踏まえた連絡協議会を立ち上げて、その運営を側面からサポートする。このような取組みと合わせ、<u>第三者評価制度を活用した事業仕分けを進め</u>ながら、不要不急の事業の休止・廃止に加え、<u>新たな税収確保策の検討を進めていく</u>。スピード感を持ちながら全庁をあげて取り組んでいくことで早期に財政健全化を図っていきたい。

このダメ論文は三つの解決策を提示できていますが、段落を変えることや列挙の接続詞を用いることなど「型」にはめて書くというルールが守られていません。このような「我流論文」で合格することはできません。

● 合格論文　きちんと型を守って書いている

2. 全庁をあげて財政健全化の実現を

　財政健全化の実現に向けて全庁をあげて取り組むために、以下の方策を実践していく。

　<u>第一に、官民の協働を進めること</u>である。現状では、市が行うのが当然だという認識のもと、業者委託により多額の費用を費やしている維持管理業務が少なくない。例えば、道具の貸出しやボランティア保険への加入手続きを市が担い、駅前広場の清掃や花壇の管理、さらにはイベント広場の草刈りなど、民ができることは民に委ねるためにNPOやボランティアなどの地域活動団体との協定締結を進め、活動の成果に報いる認定制度や表彰制度を構築する。

　<u>第二に、第三者の視点による行政評価を行うこと</u>である。現状の行政評価制度は自己評価が主体となっているため、その成果は限定的である。そこで、第三者委員会が実施する外部評価にエントリーする事業数を増やし、不要不急の事業の休止・廃止に向けた議論につなげていく。

　<u>第三に、新たな税収を確保すること</u>である。本市の税収において大きな比重を占める国や県の補助金・負担金は、対象事業の拡大を図ることで新たな特定財源を確保していく。また、駅前再開発や区画整理など良好な住宅を供給する街づくり事業を推進し、生産年齢人口の増加に寄与する。

3 説得力がない 「軽～い論文」

　第１章の３では、いきなりレジュメを書こうとせずに、自由な発想で書きたいことを「箇条書き」にしようと述べました。上司や先輩の強い勧めもあり、「まずはレジュメの完成だ！」と意気込んではみたものの、レジュメという型枠を目の前にして身構えてしまうと、説得力がない「軽～い論文」が完成することになります。

【出題テーマ】業務改善
　市民の負託に応え、満足度の高い施策を展開していくためには、常に市民目線に立ち業務改善を<u>率先垂範</u>することが大切です。このことを踏まえ、あなたは何を<u>実践</u>するのか<u>具体的</u>に述べなさい。

　近年、どこの自治体でも「業務改善」というテーマで出題されることが増えているように感じます。

　ここで取り上げたテーマで特に注意してほしいのは、下線部分です。「率先垂範」「実践」「具体的に」という部分がとても重要であり、この三つの視点が欠けていると合格は難しくなってしまいます。

　主任試験の第２章（本論）の抜粋を見てみましょう。

✕ ダメ論文　　当事者意識に欠け説得力がない

2. 市民目線に立ち業務改善を
　係長を補佐する主任の役割として、<u>私が重要だと思うのは</u>次の三点である。
　第一に、係会議で業務改善について話し合うことである。現在、案件がある時だけ実施している係会議を週に１回の定例開催とし、月曜日の朝に

実施するよう係長に働きかけたい。これまでどおり、各自の業務の進捗状況や課題についても話し合うが、新たに業務改善をテーマにして議論すれば係の全員が問題意識を持つことにつながると考える。

スカスカで内容が薄い「スポンジのような論文」ですね。

まず、見出しの付け方がダメです。そっくりそのまま出題文から抜き出したフレーズを見出しにするのは御法度となります。

次に、本文の書き出しです。「主任の役割として、私が重要だと思うのは次の三点である」としていますが、出題文では「重要な点」を書くことは要求されていません。「あなたは何を実践するのか具体的に述べよ」というのが出題の意図だということを忘れないでください。

このように、当事者意識に欠ける説得力がない論文では、合格することはできません。主任として、あなたが何を実践するのかを明確に打ち出す必要があるのです。

それでは、粘り強く添削を繰り返したことで生まれ変わった論文をご紹介しましょう。

● 合格論文　　実践することを明確に書いてアピール

２．市民サービスの向上を第一目的に

市民目線に立って私が実践する業務改善は、以下の三点である。

第一に、前例踏襲を打破する。まず、ムダな会議や長すぎる打ち合わせをなくしていく。現状では、会議や打ち合わせそのものが目的化しているケースが少なくない。そこで、会議や打ち合わせの際は、スケジュール調整の段階で全員に「目的」を明確に示し、「到達点」を事前に確認する。また、資料を事前に送付し、参加者にはそれぞれの立場から多角的な視点での検討を促しておく。当日は率先して進行役を務め、厳しく時間管理をしながら実のある議論をして目的を達成する。

昇任試験論文の主語は、何者でもなく一人称の「私」です。あなたの「上司」でも「同僚」でもありません。このことを忘れないでください。

4 当事者意識が低い 「評論家論文」

　論文試験には「問題意識」という採点項目があります。出題された課題の背景を的確に捉えて「自分ごと」として書くことができるかどうかが試されます。

【出題テーマ】チームワークの向上
　社会の潮流が大きく変化する中、質の高い市民サービスを安定的に提供していくためには、組織のチームワークを良好に保つ必要があります。職員一人ひとりが個々の能力を最大限に発揮し、チームとして業務を遂行していくためにどのように行動するのか、あなたの考えを述べなさい。

　出題文を要約すると、「質の高いサービスを提供するためのチームワーク向上策」です。チームの全員が市民のほうを向いて連携して仕事をするために、あなた自身が実践することを具体的に書く必要があります。
　係長試験の第2章（本論）の抜粋を見てみましょう。

✕ ダメ論文　　当事者意識・主体性が感じられない

2. チームワークを向上させるために
　職員一人ひとりが個々の能力を最大限に発揮し、チームとして業務を遂行していくためには、次の三点を実践するべきである。
　第一に、職員の意識改革を図り、係全員の政策形成能力を向上させなければならない。職員個々の職務遂行能力が高いだけでは、地域の特性に応じた様々な課題を解決することはできないため、係を地域課題の解決チームとして機能させることが不可欠である。政策形成研修や行政評価研修などに参加した職員にその成果を発表させる機会をつくり、係の全員でディ

スカッションさせるのも、ぜひ実践したい効果的な手法である。

　出題文に「どのように行動するのか、あなたの考えを述べなさい」とあるように、「あなた自身の行動」が問われているのに、係長として実践する内容が具体的に書かれておらず、完全に「他人ごと」です。

　次のように、**すべての主語を「私」にして決意表明文として論を展開す**れば、ダメ論文から脱却して合格点をもらうことができます。

○　合格論文　　「私」が何をするのかを具体的に書く

2. 強固なスクラムを組んで挑戦する組織へ

　本市では、これまでも人事考課制度の改善や職層ごとの研修プログラムの充実などにより職員個々の資質や能力を向上させてきた。しかし、複雑化・高度化する市民ニーズに適切に対応していくためには、職員相互の緊密な連携が不可欠であり、私は以下の三点を実践する。

　第一に、職員の意識改革を図り、係を「政策形成集団」にする。現状では、職員個々の職務遂行能力は高いものの、地域経営の意識が乏しいために社会潮流の変化に対応できないという問題点を抱えている。私は係の勉強会を開催し、地域課題を解決するためのアプローチの仕方を考える事例演習を行いながら、行動力が備わった政策形成集団をつくる。

　第二に、係を会話のキャッチボールが絶えない「サービス提供集団」にする。現状では、ルーチンワークを淡々とこなし、担当業務に没頭している職員がおり、チームで仕事をしているという意識が希薄である。私は職員に対する声かけを積極的に行い、市民サービスを向上させるための問題提起をしながら、係内における「小さな話し合い」を生み出していく。

　第三に、目標による管理を実践し、係を「目標達成集団」にする。現状では、年度当初に定める係目標と個人目標が日時の経過とともに形骸化していく傾向にある。私は年度当初の係会議で、全員の意見を聴取しながら係目標を定め、個人目標の達成に向けた課題を共有させる。年度途中でも進行管理を欠かさず、目標の達成度合いを係の全員で確認するための係会議を行い、係目標達成に向けた求心力を高める。

5 抽象表現が多く「押しの弱い論文」

　これまでに読んできたダメ論文の中で最も多かったのは、「抽象的な表現」に終始する論文です。具体的な説明がほとんど盛り込まれていないので、読み終わる頃には内容が少しずつ忘れ去られています。このような論文を書いて合格点をもらうことはできません。

　管理職試験の第2章（問題点）を見てみましょう。

【出題テーマ】少子高齢社会における行政運営
　我が国では、どの国も経験したことのない急激なスピードで少子高齢化が進んでおり、人口減少社会に突入しました。このような状況の中、市政においても新たな課題が次々に顕在化してきています。今後、市はどのように対応していくべきか、あなたの考えを述べなさい。

　主任・係長試験でも「少子高齢化」や「人口減少社会」をテーマとする出題が増えてきましたが、特に管理職試験では必ず用意しておくべき重要なテーマと言えるでしょう。

✕ ダメ論文　　抽象表現ばかりで説得力がない

2. 少子高齢社会が抱える課題

　少子高齢化が進む中、本市は以下のような課題を抱えている。

　第一に、子育て環境の整備が不十分である。就労形態の多様化や女性の社会進出により共働き世帯が増えているが、<u>保育ニーズの変化について十分な把握ができているとは言い難い状況である。</u>

　第二に、高齢者のニーズへの対応が不十分である。高齢になっても自立した生活を送ることができるように、保健・医療・福祉が連携した支援を

行う必要があるが、柔軟かつ弾力的な対応に大きな課題がある。

　第三に、地域コミュニティの活性化が不十分である。これまでも自治会や商店会などが実施する様々な地域イベントを支援してきたが、参加者が偏っているなどの問題もあり、活動は停滞しがちである。

　このダメ論文は、一歩踏み込んだ具体的な表現が盛り込まれておらず、抽象的な表現に終始しています。このため、問題点の指摘としては不十分で、とても物足りない印象があります。次のように、「抽象表現」を「具体表現」に変換すると説得力が格段にアップします。

◯ 合格論文　　具体表現で説得力が高い

2. 顕在化する少子高齢化の弊害

　少子高齢化が急速に進展し、人口減少社会に転じる中、本市は以下のような課題を抱えている。

　第一に、子どもを産み育てやすい環境を整備できていないことである。政府の予測より20年も前倒しで進んでいると言われる少子化は、本市も例外ではない。共働き世帯が増える中、入園のタイミングにより第一子と第二子が別々の保育園に入園しているケースや通勤に便利な保育園に入園できなかったケースも少なくない。物価の高騰が続く中、子育て世帯の経済的負担の軽減も進んでいない。

　第二に、高齢者の真のニーズに対応できていないことである。人生100年時代にあって、高齢者のニーズも多様化している。介護予防や認知症対策、独居高齢者の支援に加え、元気高齢者の生涯学習支援など行政需要は多岐にわたっているが、高齢者のかゆい所に手が届く手厚い対応ができているとは言い難い。

　第三に、地域コミュニティが弱体化しており、協働による市政運営が困難になっていることである。地域コミュニティの要でもある自治会や商店会などの活動メンバーが高齢化しており、自助・共助による地域解決力を向上させるうえでの障壁が増えてきている。また、増加する外国人住民にも地域活動に参加してもらう工夫が求められている。

6 接続助詞を多用する「メタボ論文」

　「〜であるため」「〜があるので」「〜であるが」など、文と文を接続助詞でつなぐ癖がある人は、少なくありません。人間のおなかの脂肪のように一文がどんどん膨らんでいくので、私は「メタボ論文」と呼んで受験者に注意を促しています。

　管理職試験の第3章（解決策）を見てみましょう。

【出題テーマ】脱炭素社会の実現

　気候変動の影響が顕著になっており、局地的な豪雨や土砂災害が多発するなど自然災害による脅威が高まっています。このことを踏まえ、脱炭素社会を実現するために本市はどのような役割を果たすべきか、あなたの考えを論じなさい。

✕ ダメ論文　　接続助詞が多く冗長でわかりにくい

3. 人と環境が共生できる社会を実現するために

　脱炭素社会の実現に向けて、市は以下の対策を講じる必要がある。

　第一に、徹底した資源循環の推進である。資源循環は、住民、事業者及び行政が連携しながら推進することが不可欠である<u>ため</u>、家庭に対しては、ごみの分別を徹底してもらうための啓発を進めて、事業者に対しては、過剰包装の抑制や3Rの推進を求めていく。

　第二に、住民一人ひとりのライフスタイルの転換である。脱炭素化の実効性を高めるには、住民一人ひとりが自らのライフスタイルを見直す必要がある<u>ので</u>、環境行動指針を踏まえながら、家庭・企業におけるLED化の徹底やノーマイカーデーの頻度を増やすなどの取組みを進める。

　第三に、脱炭素社会に向けた啓発を徹底することである。脱炭素化の取

組みは、全市民と全事業者が自らの責務を果たすために行動しなければ解決できない根本的な問題であるが、市内のあらゆる分野で機運が醸成されているとは言い難いため、脱炭素フェアの開催や学校・企業への出前講座の実施、モデル地区の指定などによる地域への浸透を図っていく。

この論文は、接続助詞で文と文を接続している箇所が多く、一文が長くなっています。

次のように句点で文と文とを区切り、適切な接続詞を用いるようにすれば論理的な表現に生まれ変わります。

○ 合格論文　短文＋接続詞でわかりやすい

3. 人と環境が共生できる社会を実現するために

　脱炭素化を進めて、持続可能な開発目標（SDGs）の達成に寄与するために、市は以下の対策を講じていく必要がある。

　第一に、CO_2実質ゼロを目指す持続可能な資源循環を推進することである。資源循環は、住民、事業者及び行政が連携しながら推進することが不可欠である。このため、全家庭にごみの分別を徹底してもらうための啓発を進める。また、事業者に対しては、過剰包装の抑制や３Rの推進を求めていく。

　第二に、ライフスタイルの転換を促すことである。脱炭素化の実効性を高めるには、住民一人ひとりが自らのライフスタイルを見直す必要がある。そこで、家庭・企業におけるLED化の徹底やノーマイカーデーの頻度を増やすなど環境行動指針に基づく取組みを進める。

　第三に、脱炭素社会に対する理解を深めるための啓発を徹底することである。脱炭素化の取組みは、全市民と全事業者が自らの責務を果たすために行動しなければ解決できない根本的な問題である。しかし、市内のあらゆる分野で機運が醸成されているとは言い難い状況である。このため、脱炭素フェアの開催や学校・企業への出前講座の実施、モデル地区の指定などにより地域への浸透を図っていく。

7 斜に構えた「超攻撃的な論文」

　職場における問題点と解決策を提示すべき昇任試験論文で、上司や職場を批判するのは御法度です。斜に構えた攻撃的な人間だという先入観を与えないように、注意する必要があります。

　主任試験の第2章（本論）を見てみましょう。

【出題テーマ】人材育成

　質の高いサービスを提供するためには、職員一人ひとりの能力を向上させる必要があります。この点を踏まえ、後輩職員を指導・育成する立場にある主任はどのような役割を担うべきか、あなたの考えを述べなさい。

✕ ダメ論文　　他責思考で現状批判をしている

2. 質の高いサービスを提供するために

　人材育成のリーダーとして、私は以下の三点を実践する。

　第一に、後輩の能力に応じた指導を行う。現状では、指示待ちの後輩が多い。しかし、周りの職員は自らの業務に忙殺され、後輩職員の指導がおざなりになっており、後輩が業務に精通するまでに時間を要し、戦力となる頃には異動してしまう。私は後輩の能力に応じて親身なOJTを行う。

　第二に、住民目線や現場感覚を持たせる。現状では、苦情や陳情が多いにもかかわらず、人手が足りないという理由で電話や窓口対応ですませるという係長の方針があるため、後輩職員に現場感覚が備わっていない。私は現場に行く際に後輩職員を同行させ、まず現場の状況を自らの目で確認してから住民の生の声を聴く癖をつけさせる。

　第三に、業務改善に取り組む積極的な職員として育成する。現状では、改革を敬遠する前例踏襲主義のベテラン職員が多いため、業務改善は一向

に進んでいない。私は後輩職員の業務で改善すべき点があれば、問題提起をしたうえで適時適切な助言とアドバイスを行っていく。

「問題点の指摘」と「批判」は紙一重です。批判的な文言を並べてしまうと、効果的な解決策を提示するのが難しくなり、自分の首を絞める結果となってしまいますので、表現を工夫する必要があります。

○ 合格論文　批判ではなく建設的に問題点を指摘

２．能力向上をサービス向上につなげるために

　職員一人ひとりの能力が向上することは、市民サービスの向上に直結する。このことを念頭に人材育成のリーダーとしての役割を果たすため、私は以下の三点を実践しながら係長を補佐していく。

　第一に、後輩職員の能力や性格に応じた指導を行う。職場には自ら行動を起こす積極的な職員だけでなく上司の指示を待っている職員もおり、その能力や性格も十人十色である。そこで、一律の指導ではなく個々の特性に応じた指導を行うため、市政における自らの業務の位置付けを確認する習慣をつけさせ、やりがいを持たせることから始める。そのうえで、能力よりも少し高いレベルの仕事を任せ、業務の節目ごとに進捗状況と課題を一緒に確認して、能力や性格に応じた助言を与える。

　第二に、住民目線と現場感覚を涵養する。業務が多忙になると現場に行く時間を惜しみ机上で仕事をしがちになる。私は「現場は宝の山だ」をモットーにして、後輩職員を帯同して地域に赴く。そして、自治会や商店会などの活動に携わっている人や市政に関心を寄せている人にアプローチしながら、住民の生の声に触れさせて現場感覚を涵養する。

　第三に、コスト意識を持って業務改善に取り組む職員として育成する。成果を追求し効率的に業務を遂行するためには、業務改善を進めることが不可欠である。しかし、自らの業務を優先して処理するために業務改善が後回しとなる傾向にある。私は後輩職員とともに業務を点検する機会をつくり、ムリ・ムダ・ムラの見つけ方を教える。業務を効率よく進めるために、他の係や関係する課との調整業務も徐々に任せて主体性を育んでいく。

8 成果が見えてこない 「空虚な論文」

　昇任試験論文では職場の具体的な問題点を指摘し、効果的な解決策を述べます。しかし、これで終わらせるのではなく、どのような成果が出るのかを記載して、説得力が高い論文に仕上げる必要があります。

　係長試験の第2章（本論）を見てみましょう。

【出題テーマ】目標による管理

　困難な課題を克服し、質の高い市民サービスを提供していくためには、職員一人ひとりが組織目標を意識し、その達成に向けて能力を存分に発揮する必要があります。係長として「目標による管理」をどのように実践するのか、あなたの考えを述べなさい。

✗ ダメ論文　　実践だけで成果に触れていない

2．目標による管理の実践

　私は目標による管理を実践するために、次の三つに取り組んでいく。

　第一に、職員の意見を取り入れた係目標の設定である。係長個人の思いだけで目標を定めても、その目標はいつか形骸化する。そして、職員は仕事の成果を実感できなくなってしまう。私は、係会議で個々の職員から意見を聴取して係目標に反映させる。

　第二に、進行管理の徹底である。年度当初に目標を定めても進行管理を職員個人に任せていると、スケジュールに遅れが生じたり課題が発生しても助言やアドバイスができない。私は、係目標の達成状況を職員に伝え、面接を実施して個人目標の達成状況を報告させる。

　第三に、達成結果の検証である。業務が多忙な年度末には目標の達成結果の検証に手が回らないことも多い。私は、個人目標の達成状況を報告さ

せて一緒に検証する。係会議では、係目標の検証結果を全員に伝えて、来年度に向けて改善すべき点を話し合う。

ダメ論文は実践を述べているだけで、得られる成果が示されていません。次のように成果を強調した構成にしてみましょう。

○ 合格論文　　実践による成果をしっかりと記述する

2．組織目標の達成がサービス向上につながる

　限られた行政資源で質の高い市民サービスを提供するためには、「目標による管理」の徹底が不可欠であり、私は以下の三点を実践する。

　第一に、成果を実感できる係目標を定める。現状では、「窓口サービスを向上させる」「市民からの苦情を減らす」など漠然とした目標を設定しているケースが多い。このため、目標が形骸化したり職員が成果を実感しづらいという弊害が生じたりしている。そこで私は、「窓口対応のお客様満足度95点以上」「苦情件数を半減させる」などと数値化して、職員の意見を反映させた係目標を設定する。このことにより、到達点がイメージしやすくなり、目標達成に向けた係の連帯感を醸成することができる。

　第二に、進行管理を適切に行い、職員の意欲を引き出していく。現状では、年度当初に定めた係目標や個人目標の達成状況を確認する作業を怠っているケースがある。そこで私は、係目標の達成状況を数値化・グラフ化して掲示する。また、職員個々の業務の節目で係長面接を実施し、目標の達成に向けた進捗状況を確認しながら助言やアドバイスを行う。このことにより、業務意欲が高い状態を維持することができる。

　第三に、達成結果を検証して、個々の職員の業績評価に反映させる。現状では、年度末の業務多忙な状況下で目標の達成結果を検証する作業がおざなりになることが多い。そこで私は、個人目標の達成状況を確認するよう指示し、検証結果と自己採点結果を年度末の面接で報告させる。係会議では係目標の達成結果を全員に伝え、来年度に向けて改善すべき点を話し合う。このことにより、「目標による管理」と「業績評価」が連動し、質の高い市民サービスを追求することができる。

9 三つ目の解決策が「苦し紛れの論文」

　問題点と解決策を重要な順に三つずつ論述するのが昇任試験論文ですが、それぞれ二つしか思いつかない受験者が少なくありません。**「なんとかなるだろう」という希望的観測で三つ目を書いたことを、採点官は容易に見抜きます。**係長試験の第 2 章（本論）を見てみましょう。

【出題テーマ】業務効率の向上
　社会経済状況は私たちの想定を超えるスピードで刻々と変化しています。住民ニーズも絶えず変化しており、新たな行政需要が次々に顕在化しています。このような変化を敏感に察知し、柔軟かつ弾力的に対応していくためには、前例踏襲主義を打破して業務効率を高める工夫が欠かせません。この点を踏まえ、あなたは何を実践するのか具体的に述べなさい。

✖ ダメ論文　　第二の解決策と第三の解決策が重複

2. 業務効率の向上に向けて

　業務効率を向上させるために、私は次の取組みを進める。
　第一に、業務の進行管理を適切に行う。年度当初に定めた組織目標はいつの間にか形骸化してしまう傾向にある。私は職員に対し、業務の節目節目で自らの目標の達成度を進行管理するよう指示し、住民ニーズの変化を踏まえて課題を検証させ、適切に助言していく。
　第二に、モチベーションの維持向上を図る。完了までに時間を要する事業を担当すると自分の業務に固執する傾向にあるが、<u>広い視野を持てるよう支援する。</u>また、法令改正や社会的要請の変化についてもチェックするよう声かけし、モチベーションが維持できるように支援する。
　第三に、職員の意識改革である。ともすればルーチンワークに没頭して

視野が狭くなる傾向にあるが、これでは住民ニーズや新たな行政需要に気づくことができない。私は職員が課題を抱え込んでいないか注意して観察し、様々な角度から問題の本質を捉えられるように支援する。

　第二の解決策で「広い視野を持てるよう支援する」としていながら、第三の問題提起でも「視野が狭くなる傾向にある」として、「様々な角度から問題の本質を捉えられるように支援する」という解決策を示しています。これでは重複感が強く、苦し紛れの印象はぬぐえません。

○ 合格論文　それぞれ異なる視点で解決策を提示

2. 高くて感度の良いアンテナを張り巡らせる

　新たな行政需要を見過ごすことなく柔軟に対応していくためには、業務効率を向上させることが不可欠であり、私は以下の方策を実践する。

　第一に、目標による管理の徹底である。現状では、年度当初に定めた組織目標が時間の経過とともに形骸化し、係の求心力も低下する傾向にある。私は職員一人ひとりに対し、業務が進捗した節目で自らの目標の達成度を進行管理するよう指示し、住民ニーズの変化を捉えた課題の検証結果を報告させて適切な助言を行う。

　第二に、職員の業務意欲の向上である。住民の合意形成が前提となるまちづくりや用地買収が伴う基盤整備など、成果が発現するまでに長期間を要する事業も少なくない。自らの業務に固執することなく広い視野を養えるよう係長が親身になって寄り添う伴走型のOJTを実践する。そして、完成までの期間で法令の改正や社会的要請の変化がないか絶えず確認する習慣をつけさせ、業務意欲が高い状態を維持できるように支援する。

　第三に、コミュニケーションの円滑化である。組織一丸となって業務効率の向上を図るためには、有益な情報を抱え込まず課内で共有することが欠かせない。そこで、課長からの連絡事項がある場合に開催されている係長会を、情報共有を目的に定例開催とすることを提案する。係長会で得た有益な情報は自らの知見と隣接自治体の動向などを交えて新鮮なうちに係会議で提供し、活発な意見交換を促していく。

10 コインの裏返しで「芸のない論文」

改善すべき状況をひっくり返しただけの解決策を「コインの裏返し」といいます。4章構成で書く管理職試験では、第2章で三つの問題点を指摘し、第3章でそれぞれの解決策を述べますが、解決策がコインの裏返しになっていると、問題点が良くても解決策に説得力がなくなってしまいます。管理職試験の第2章（問題点）と第3章（解決策）を見てみましょう。

【出題テーマ】持続可能な地域社会の構築

　少子高齢化が急速に進展した我が国においては、2008年をピークに人口が減少に転じており、いよいよ人口減少社会に突入しました。このような人口減少下においても、本市は持続可能な地域社会を構築するために様々な施策を積極的に展開していかなければなりません。このことを踏まえ、あなたは管理職として何を実践するのか具体的に述べなさい。

✕ ダメ論文　　コインの裏返しが問題意識の低さを露呈

2. 人口減少下において本市が抱える課題

　人口減少下で本市が抱えている課題は、以下の三点である。

　<u>第一に、重点事業に充てる財源を確保できていないことである。</u>

　……（略）……

3. 持続可能な地域社会を構築するために

　持続可能な地域社会を構築するために、次のことを行う必要がある。

　<u>第一に、重点事業に充てる財源を確保することである。</u>

　まず、出題文から引用しただけで芸のない見出しとリード文が採点官の目に留まります。次に、第2章の問題点と第3章の解決策が完全にコイン

の裏返しであることに、採点官は強い違和感を覚えるはずです。

○ 合格論文　目標と現状のギャップをきちんと埋める

2. 本市の発展を阻もうとする三つの障壁

　本市では5年連続で人口が減少している。このような中、本市が持続的に発展していく道程には、以下の障壁が立ちはだかっている。

　第一に、子育て家庭や高齢者の支援をはじめとする重点事業に充てる財源を十分に確保できていないことである。周辺自治体に比べて高齢化率が高い本市では、生産年齢人口が減少しており、恒常的な税収不足に陥っている。今後も税収が増加に転じる見込みは薄い中、核家族化の進行や共働き世帯の増加に伴う保育需要が増大している。また、高齢者の介護予防や認知症対策、一人暮らし高齢者の見守りなど手厚い高齢者支援が必要な状況であり、財源確保が喫緊の課題となっている。

　……（略）……

3. 身を切る改革で障壁を打破しよう

　誰一人として取り残さない持続可能な地域社会を構築するために、本市は以下の方策を実践すべきであり、その実現に向けて私は管理職としてリーダーシップを発揮していく。

　第一に、行財政改革を断行するとともに、組織のスリム化を図ることで、必要財源を捻出する。まず、各事業のPDCAサイクルを回しながら、行政評価制度を活用してムダやムラがないかを徹底的にチェックする。その結果を精緻に検証して、事業の休止や廃止、委託化なども視野に入れ管理職自らが先頭に立って事務事業と組織の見直しに取り組む。さらに、本市の歳入を支えているふるさと納税について、魅力ある返礼品を増やすとともに内容のさらなる充実を図るため、全庁を挙げて知恵を絞る。

　インパクト抜群の見出しを見て、採点官は「どんなことが書かれているのだろう？」という期待感を抱きます。見出しで採点官を惹きつけることに成功しているのです。また、リード文が採点官を本文へと導く「先行オーガナイザー」としての役割をしっかりと果たしています。

11 手段が目的化した「勘違い論文」

　出題文の中には、「目的」と「手段」がしっかりと明記されています。しかし、本来の目的をそっちのけにして手段が目的化してしまった論文を書いている受験者が多くいます。

　主任試験の第2章（本論）の抜粋を見てみましょう。

【出題テーマ】業務改善

　市民の負託に応え、満足度の高い施策を展開していくためには、常に市民目線に立ち業務改善を率先垂範することが大切です。このことを踏まえ、あなたは何を実践するのか具体的に述べなさい。

　論文を書き始める前に、しっかりと出題文を吟味する必要があります。業務を遂行する「目的」は、市民の負託に応えることです。この目的を達成するための「目標（到達点）」は、満足度の高い施策を展開するということになります。そして、目的と目標を達成するための「手段」が業務改善を率先垂範することなのです。

✕ ダメ論文　　「業務改善」という手段が目的化している

2. 係の先頭に立って業務改善を

　徹底した業務改善を進めるために、私は主任として次のような取組みを行う。

　第一に、業務の総点検である。長い間、業務改善が行われていないために、業務そのものが肥大化して職員の負担が増えているものもある。

　例えば、紙のファイルが増えて書庫いっぱいになっているにもかかわらず、漫然と書棚に保存しているために、欲しい情報を探すのに苦労してい

る職員も少なくない。これを電子化すれば、職場環境の改善にもつながり、毎年行っている文書整理日を設ける必要もなくなる。電子化された資料を係全員が共有できるようになれば、同じような資料を各自が作成しなくてもよくなり、資料作成の手間を大幅に減らすことにつながる。これにより、無駄な業務を削ぎ落とすことができ、超過勤務の縮減や働き方改革の実現にも寄与することが可能となる。

これは市民不在の勘違い論文です。市民の負託に応えるという「目的」も、満足度の高い施策を展開するという「目標」もどこかに行ってしまったようです。むしろ業務改善を進めるという「手段」が目的化しており、「働きやすい職場づくり」をテーマに書いているようにも感じられます。

◯ 合格論文　**目的を強く意識して書く**

2. 市民満足度向上につなげる業務改善を

提供するサービスの質をもっと高められないかという視点で、徹底した業務改善を進めるために、私は主任として以下の三点を実践する。

第一に、市民目線で業務の総点検をすることである。事業の開始から年数が経過したことにより、前例を踏襲しながら遂行している業務もあり、市民目線で効果を検証することがおざなりになっている。そこで私は、業務が進捗した節目でカウンターの向こう側に自らの立ち位置を変えて市民目線で業務をチェックする。例えば、お客様に記入していただく書類の記入項目を減らすことができないか、「要望欄」を設けることができないかなど些細な部分から確認を進める。その結果は随時、改善提案として係会議に諮り、意見集約したうえで実践に移していく。これにより、他の職員の改善意欲を向上させることにもつながり、質の高いサービスを効率よく提供できるように改善が進んでいく。

見出しに「市民満足度向上」という「目標（到達点）」を盛り込んで、一貫して市民目線にこだわって文章が展開されています。妥協を許さないという姿勢が読み取れるため採点官の印象も良く、評価が高い論文です。

12 気合が空回りした「独善的な論文」

　気合が入りすぎて空回りしている論文もダメ論文に分類されます。あくまでも「心は熱く、頭は冷静に」をモットーに、昇任試験論文としての体裁を保って書く必要があります。管理職試験の第3章（解決策）を見てみましょう。

【出題テーマ】ワーク・ライフ・バランスの実現
　住民が充実した日常生活を送るためには、育児や介護などの家庭生活と仕事との調和を図る必要があります。このことを踏まえたうえで、ワーク・ライフ・バランスを実現するための施策展開について、管理職としてのあなたの考えを論じなさい。

✕ ダメ論文　　現実を見ずに大言壮語

3. ハードとソフトの両面から攻める

　第一に、市内の待機児童をゼロにする。核家族化の進行や共働き世帯の増加により保育需要が増大しているが、保育園の整備が追いついていないのは大きな問題である。最近増えてきた空き家や民間の遊休地を活用して待機児童が多い地域を優先して保育園の整備を積極的に進め、早急に待機児童をゼロにする。

　第二に、全ての介護難民を救済する。家族の介護が必要で仕事を辞めざるを得ない人やヤングケアラーたちに救いの手を差し伸べるのが行政の役割だ。介護施設の数が絶対的に不足する現状を打破するために、補助金の増額をインセンティブにして介護施設の誘致を大胆に進める。

　第三に、公助から共助への移行を断行する。住民ニーズが複雑化・高度化する中、公助には限界があることを住民にも理解させる必要がある。そ

のうえでサポート会員が少なくて回らない現状の**ファミリーサポートセン**
ター事業を抜本的に改善する。特に利用者に応分負担を求めてサポート会
員に支払う報酬を増額し、サポート会員を大幅に増員する。

　自信満々で気合十分なのですが、保育園の新設や補助金の増額など非現
実的な解決策しか提示できておらず、掛け声だけに終わりかねない不毛な
論文と見なされます。「待機児童をゼロにする」「全ての介護難民を救済す
る」「公助から共助への移行を断行する」など、論理が飛躍した乱暴な柱
立てとなっており、採点官に良い印象を与えません。

◯ 合格論文　実現可能で実効性が高い解決策を提示

3. ハードとソフトの両面から環境整備を

　第一に、多様な保育需要に対応できる保育園を増やすことである。共働
き世帯の増加やライフスタイルの多様化などにより、昨今の保育ニーズは
変化している。既存の保育園が休日保育や病児保育を導入したり、延長保
育を拡充したりする場合に手厚く助成できるように、予算の重点化に向け
た庁内検討を深化させていく。

　第二に、まちづくりと連携して介護施設の誘致を進めることである。現
状では、介護施設への入所待ち人数が増加傾向にあり、家族を介護する必
要があるために働きたくても働けないというジレンマを抱えている市民が
少なくない。公営住宅の建替事業では、高層化によって新たな用地が創出
されるケースが増えており、介護施設の誘致に向けて地元自治会と連携し
ながら県との協議を進める。さらに、本市が推進している再開発や区画整
理などの開発事業においても誘致を模索していく。

　第三に、地域で支え合う共助の仕組みを構築することである。子どもの
急な発熱により保育園で保育ができないケースや急な残業が発生した場合
など、ファミリーサポートセンターの需要が高まっている。そこで、サポー
ト会員の増員を目的に、元気高齢者の生きがい創出事業と連携した体験型
イベントを実施する。また、増加傾向にある空き家や小学校の空き教室を
地域の子育て拠点として活用することができないか検討を深化させる。

13 結論でも問題提起する「未解決論文」

　論文の最終章は、「結論」となります。なぜか結論でもこれまでの主張を繰り返す「退屈な論文」が多く見受けられますが、新たな問題点を提起するのも御法度です。

　最終章は、次のような流れに沿ってテンポよく締めくくってください。

結論の流れ
　① 「共通認識」
　② 「解決に向けた明るい展望」
　③ 「決意表明」

　まず、出題されたテーマの背景にある共通認識をわかりやすく表現し、それを採点官と共有します。次に、本論に記載した解決策を総括して、解決に向けた明るい展望を明示します。最後に、自らの決意表明を高らかに謳い上げて締めくくることになります。

　しかし、このルールから逸脱した我流論文を書いている受験者が少なくありません。採点官が最後に目にする「結論」で、致命的なミスを犯してしまうと合格は遠ざかってしまいます。

　主任試験のダメ論文の第3章（結論）を見てみましょう。

【出題テーマ】接遇スキルの向上
　行政需要が増大する状況にあっても質の高いサービスを提供し、住民満足度を向上させることが求められています。そのためには、職員一人ひとりの接遇スキルを向上させる必要があります。このことを念頭に何を実践すべきか、あなたの考えを述べなさい。

---

3. 住民満足度の高い市政を

　窓口や現場、電話などで住民対応を行う職員は、市の看板を背負って業務を遂行している。【共通認識】しかし、<u>その意識が低いために住民をたらい回しにしたり、融通のきかない事務的な対応に終始して住民の反感を買うケースも多々ある。</u>【新たな問題の提起】そのようなことがないように、私は接遇スキル向上のために係の中心的な役割を担い、質の高いサービス提供に努めていく所存である。【決意表明】

　このダメ論文は、「解決に向けた明るい展望」を示すべき部分に、「たらい回しや融通のきかない事務的な対応で住民の反感を買う」と書いています。このように、結論で新たな問題を提起してしまうと、これについての解決策を提示できない宙ぶらりんのまま、最後の一文（決意表明）を迎えることになってしまいます。後味の悪い「未解決論文」の完成です。

　それでは、合格者が書いた「結論」を確認してみましょう。

○ 合格論文　　「結論の流れ」に正しく沿っている

3. 一人ひとりが市の看板を背負って

　窓口や現場、電話などで住民対応を行う職員は、市の看板を背負って業務を遂行している。【共通認識】<u>その職員が住民の声を傾聴し、住民に寄り添いながら対応することができれば、住民満足度の向上につながるだけでなく、ずっと住み続けたいと誰もが思える○○市を実現することができる。</u>【解決に向けた明るい展望】私は主任として係長を補佐しながら、接遇スキル向上のために係の中心的な役割を担い、質の高いサービス提供に努めていく所存である。【決意表明】

　3章構成の主任・係長論文も、4章構成の管理職論文も「結論の流れ」は同様です。「共通認識」「解決に向けた明るい展望」「決意表明」の順に記述することで、採点官にもテンポよく読んでもらうことができます。

不合格体験記【管理職試験・40歳代男性】

1. スケジュール管理を失敗したこと

　準備期間4か月で合格できるほど甘くはなかったというのが率直な感想です。どうしても「やる気スイッチ」が入らず、受験申込み直後に参考書を購入して論文を書き始めましたが、係長試験の受験から15年も経過しており、論文の書き方も忘れていました。平日は帰宅が遅くなるため、土日に集中的に論文を書くようにしましたが、納得のいく論文になったのは試験の2か月前で、それから上司に添削をお願いして完成したのは試験の1か月前になってしまいました。もっと早く「やる気スイッチ」を入れて、スケジュール管理を厳しく行うべきだったと、後悔の念に駆られています。

2. 複数の手持ち論文を用意できなかったこと

　過去の出題テーマから、比較的書きやすそうで無難なテーマだと思い、「効率的な行財政運営」を選びました。これ1本で試験本番を迎えましたが、実際には全く違う出題であったため役に立たず、試験会場で構成を練って新たな論文を1本書き上げる羽目になってしまいました。ある程度、時事的な要素が強いテーマの出題にも対応できるように準備しておく必要があると強く感じています。

3. 来年度の受験に向けて実践したいこと

　論文試験では、出題テーマの予想がピッタリと当たることはないだろうという印象を持っています。このため、1本でも多くの手持ち論文を用意したほうが有利であり、当日の出題テーマによってそれらを組み合わせて対応できるように練習を積みたいと思います。

　記述式問題と論文式問題がそれぞれ2時間であり、手書きで4時間も文章を書くのはかなりハードでした。途中で手が動かなくなる場面もあったため、手書きの練習も必要だと感じました。

第 **6** 章

厳選!
採点官の心をつかむ
Sランク合格論文集

1 人材育成・能力向上
（主任）

【出題テーマ】
　質の高いサービスを提供するためには、職員一人ひとりの能力を向上させる必要があります。この点を踏まえ、後輩職員を指導・育成する立場にある主任はどのような役割を担うべきか、あなたの考えを述べなさい。

◎ 合格論文　採点官を共感させる力がみなぎる論文

1. 能力向上は質の高いサービスにつながる

　窓口で怒鳴り声が響いた。「おまえ、市民の立場になって考えたことあんのか！市長を出せ！」。地域猫が増えていることに困り果てて市役所を訪れた市民が、たらい回しにされそうになり若手職員を怒っているのだ。

　所管する課がどこなのか判断するのが難しい問題は、ともすれば押し付け合いになりがちである。しかし、市民ニーズが複雑化・多様化する中で、難題が舞い込んできたときに、自分の課でできることはないか市民の立場になって考え、そして知恵を出し合うことが、質の高い市民サービスにつながっていく。

　今こそ、職員一人ひとりの能力を向上させて質の高いサービスを提供するために、主任が中心となり後輩職員を指導・育成しなければならない。

2. 市民のために後輩職員を育成する

　より質の高いサービスを市民に提供することが人材育成の目的である。私はこのことを念頭に置き、以下の三点を実践する。

　第一に、複雑化・多様化する市民ニーズを把握し、市民目線で業務を行えるように後輩職員を指導する。日頃から情報のアンテナを高く張り巡らし、メディアから得られる情報や施策マーケティング調査の結果、さらに

は各種統計データ等を後輩職員とともに分析する。これにより、市政のボトルネックとなっている喫緊の課題を把握する手法を伝授し、担当業務の見直しに反映できるように指導していく。[※1]

　第二に、市民第一・現場第一の姿勢で、積極的に業務改善に取り組む。重点事業を着実に推進するためには、自治会をはじめとする地元組織との信頼関係を構築し、協働していくことが肝要である。私は後輩職員を帯同して現場に赴き、地域住民の目線に立ってコミュニケーションを図る。そのうえで、事業の進捗に伴って顕在化してくる課題を的確に見極め、後輩職員とともに改善策を検討する。

　第三に、自己研鑽に努めながら、後輩職員に寄り添いOJTを実践する。中堅職員が日常業務を漫然と行っていると、後輩職員も前例を踏襲するようになりかねない。私は、業務に関連の深い研修や講習会などに積極的に参加してスキルアップを図り、得た知識を職場に還元する。そして、後輩職員の業務の進捗状況を見極めながらタイムリーな問題提起を行い、常に問題意識を持って業務に取り組めるように粘り強くサポートしていく。

3. 市民の血税を1円もムダにしない[※2]

　係の総力を結集して質の高い市民サービスを提供することは、市民から「これからもずっと住み続けたい」と思ってもらえる市政の実現にもつながる。市民が納めた大切な血税を1円たりとも無駄にすることがないように、私は徹底した業務改善を進めながら後輩職員を育て上げ、市政の発展に寄与していく。そして、常に主任としての自覚を持ちながら真摯な姿勢で職務に邁進していく決意である。

※1　**市民世論調査をはじめとする各種統計データを分析したうえで、業務で活用するための手法を伝授するのは、実効性の高い人材育成策であり、高く評価できます。**

※2　**本文の内容を端的に表現した力強い見出しを立てることができています。特に、最終章の見出しには訴求力があり、採点官の心をグッとつかむことでしょう。**

2　仕事の効率化（主任）

【出題テーマ】
　我が国の人口が一貫して減少している中、社会経済状況は大きく変化しており市民ニーズも複雑化・多様化しています。このような中、市民の負託に適切に応え、より満足度の高い施策を展開していくためには、仕事を効率的に進める必要があります。この点を踏まえ、あなたは何を実践するのか具体的に述べなさい。

◎ 合格論文　　　一人三役の発想が斬新な論文

1. 市民ニーズに則した施策展開を

　社会保障費や感染症対策費の増大、高度経済成長期に建設された公共施設の更新など、行政需要の高まりが顕著になっている。また、長引く景気の低迷により市民生活も変化を余儀なくされており、そのニーズも複雑化・多様化しているのが現状である。このため、行政が担うべき新たな業務も増えており、ヒト・モノ・カネの限られた行政資源を有効に活用しながら、より効率的に業務を進めることが求められている。現場の最前線で市民と接し、市民生活の現状を肌で感じている中堅職員は、今こそ業務効率化の推進役とならなければならない。

2. 業務効率化の推進役となって

　質の高いサービスを提供して市民満足度を高めていくために、私は以下の三つの推進役となって業務の効率化を進める。
　第一に、業務改善の推進役になる。※ 前例踏襲で業務を遂行していると市民の目線に立った対応が難しくなり、市民ニーズの変化を敏感にキャッチすることも柔軟に対応することもできなくなる。私は「仕事は問題解決

である」という意識を常に持ち、業務改善を進める意欲を前面に出す。さらに、目標による管理を実践して進行管理を徹底し、PDCAサイクルをしっかりと回しながら効率的に業務を遂行し、周りの職員も業務改善の取組みに引き込んでいく。

　<u>第二に、職員の意識改革の推進役となる。</u>※ 市民サービスの質を高めるために果敢にチャレンジする職員が一人でも多くなるように、私は係長とともに職員個々の意識改革に取り組んでいく。業務の効率化を目的として設備や機器類を充実させたとしても、それを使う職員自身に意欲や能力がなければ宝の持ち腐れになってしまう。私は先行事例を研究して先進自治体に問い合わせたり、若手職員を帯同して視察に出向いたりしながら効率的に業務を進めるためのノウハウを学ぶ。その結果は、常に職場にフィードバックして職員の意識を変えていく。

　<u>第三に、情報共有化の推進役になる。</u>※ 職員相互のコミュニケーションが悪いと、伝えたはずの情報が正確に伝達できていないなどの弊害が生じ、不安感や不信感が生まれてしまう。私は、個々の業務の進行管理がメインとなっている係会議が形骸化しないよう積極的な情報発信に努め、業務上の課題や共有すべき情報を他の職員からも引き出していく。

　係長を補佐しながら、これら三つの推進役を全うすることにより、効率的に業務を遂行して市民の負託に応えるための組織づくりが着実に進んでいく。

3. 明日の市政を担う一員として

　現場で市民の声に耳を傾け、市民の目線になって一緒に考え、市民と膝を突き合わせて話し合っていくのが行政職員の仕事の醍醐味である。この醍醐味を堪能するためにも、業務を遂行するうえで生じるムリ・ムダ・ムラを省いて市民サービスの質を向上させる努力を重ねなければならない。私は、その先頭に立って係長を補佐していく決意である。

※　仕事の効率化を図るために欠かせない三つの取組みについて、それぞれの推進役になるという発想が斬新で、採点官にも好印象を与えます。

135

3　業務改善（主任）

【出題テーマ】

　市民の負託に応え、満足度の高い施策を展開していくためには、常に市民目線に立ち業務改善を率先垂範することが大切です。このことを踏まえ、あなたは何を実践するのか具体的に述べなさい。

◎ 合格論文　　解決策が豊富で説得力抜群の論文

1. 質の高いサービスを効率的に

　前任者が作成した起案文や通知文書を踏襲しながら仕事をしている人がいる。一見効率的な仕事の進め方だが、工夫の余地があっても気づかずに改善のチャンスを逃すことにもなりかねない。効率だけを追求して市民サービスの質を落とすことになっては本末転倒である。

　社会経済状況が刻々と変化する中、市民のライフスタイルは多様化している。それに伴い、行政需要も複雑化・高度化しており、本市が重点的に取り組むべき課題は山積している。今こそ、限られた予算や人員を重点事業に振り向けていくために、中堅職員が先頭に立って業務改善を推し進め、業務の質と効率を追求して市民の負託に応えていかなければならない。

2. 業務改善は市民目線で

　市民目線に立って私が実践する業務改善は、以下の三点である。

　第一に、ミーティングや係会議で業務改善を積極的に提案し、係の全員で話し合うことである。自らの業務を改善しようと孤軍奮闘している職員はいるものの、係全体の取組みにまで発展していないのが現状であり、市民サービス向上につながっていない。そこで私は、窓口や現場で市民とコミュニケーションを図り、生の声を現場で拾う。理想と現実のギャップを

市民目線で探り、業務改善の糸口を見つける。他の自治体の先進事例も研究して改善策を考え、係の全員に提示して意見をもらいながら実践に移していく。積極的に業務改善に取り組む姿勢を他の職員にも見せながら業務改善の機運を高め、他の職員にも業務改善を促す。

　第二に、前例踏襲を打破する。まず、ムダな会議や長すぎる打ち合わせをなくしていく。現状では、会議や打ち合わせそのものが目的化しているケースが少なくない。そこで、会議や打ち合わせの際は、スケジュール調整の段階で全員に「目的」を明確に示し、「到達点」を事前に確認する。また、資料を事前に送付し、参加者にはそれぞれの立場での多角的な視点で検討を促しておく。当日は率先して進行役を務め、厳しく時間管理をしながら実のある議論をして目的を達成する。

　第三に、組織目標の達成状況を強く意識しながら業務を遂行する。年度当初に設定した組織目標と個人目標はいつの間にか形骸化してしまう傾向にあり、成果を出すための進行管理も疎かになりがちである。そこで私は係長と相談したうえで、組織目標の達成状況を係会議で報告して全員で確認し合えるようにする。業務の進捗率や組織目標の達成状況を可視化して係内で共有できるようになれば、常に成果を意識しながら業務を遂行できるようになる。さらに、他の職員への助言やアドバイスがしやすくなりチームワークの強化にもつながる。

3. 市民の血税を還元する

　毎月、私たちの個人口座に振り込まれる給料は、市民が納めた血税だ。口座振込ではなく封筒に入った現金をもらうなら、ずっしりとした重みがあるはずだ。口座振込であっても、この重みを忘れてはならないのだ。※どんな場面でも市民の存在を忘れずに、血税を最高のサービスに変えて市民に還元していかなければならない。私は、常に市民の視点に立って業務を遂行し、誰もが住み続けたいと思える○○市を実現するために全力を傾注していく覚悟である。

※　業務改善を市民目線で進めるためには、血税の重みを常に念頭に置く必要があります。このような表現は、説得力があり高く評価できます。

4　接遇スキルの向上（主任）

【出題テーマ】

　行政需要が増大する状況にあっても質の高いサービスを提供し、お客様満足度を向上させることが求められています。そのためには、職員一人ひとりの接遇スキルを向上させる必要があります。このことを念頭に何を実践すべきか、あなたの考えを述べなさい。

◎ 合格論文　きめ細かい解決策で好感度が高い論文

1. 市民サービスは接遇に始まる

　ある市役所を昼休みに訪れた際、窓口から見える光景に絶句した。何人かの職員が机に突っ伏して仮眠をとっているのだ。[※] カウンターの向こう側に思いが至らないのは、接遇の基本を欠く残念な行為であり、一人の職員の印象が信用を失墜させることになりかねないと教えられた。

　人間の印象は、会話よりも表情や仕草で決まると言われている。これは「メラビアンの法則」であり、接遇スキルの向上を図るうえで常に念頭におかなければならない。そして、市民サービスは接遇に始まるということを肝に銘じて、接遇スキルの向上に取り組んでいく必要がある。

2. 市役所はおもてなしの拠点

　接遇の良し悪しは、市民満足度に強い影響を与える。「おもてなし」の意識を強く持ちながら市民と接するため、以下の三点を実践する。

　第一に、明るく爽やかなあいさつを励行する。窓口に来たお客様に唐突に用件を聞く職員もいるが、これでは相手に良い印象を与えない。市役所を訪れる機会が少ないお客様も多く、慣れない手続きで不安を抱いている。このため、「お出迎え」という意識を持って接することが肝要である。具

体的には、相手からあいさつをされる前に、「こんにちは」と目を見て笑顔であいさつをして警戒心を解いてあげることを係内で徹底する。日頃から相手に与える印象を意識して、廊下ですれ違う職員同士もあいさつを励行できるように、私は率先垂範していく。

　第二に、おせっかいを焼くことである。窓口でお客様と接する際、聞かれたことだけに答える職員もいるが、これではお客様満足度の向上は望めない。お客様の用件に応じた関連情報や有益な市政情報なども伝えて、安心感を持ってもらうように心がける。また、フロア案内図を見ているお客様がいたら、優しく声をかけて目的の窓口に案内する。このようなおせっかい精神が職場内に広がるように、私は率先垂範していく。

　第三に、正しい言葉づかいをすることである。ある窓口でお客様に「あいにく所管が違うんですよね」と言った職員がいる。案の定、「所管ってなんだ！」とお客様が怒り出した。また、市民から電話で苦情を受けた職員が、「承知しました」と返答すべきところ、「了解です」と言って怒られたケースもあった。このような失敗事例を係内で共有し、正しい敬語の使い方や言葉づかいを学ぶための自主勉強会を行う。また、外国人住民も正しく理解できる話し方を習得するために、「やさしい日本語」の研修を率先して受講する。

　これらの取組みを粘り強く行っていくことにより、「おもてなし」の意識を庁内全体に浸透させていくことができる。

3. カウンターの向こう側に意識を

　窓口や電話で市民対応する職員は市役所の代表である。接遇の良し悪しが市役所の評価を決めることにもなるのだ。接遇マニュアルを読むだけではスキルの向上は望めないが、実践と改善を重ねていくことで着実に接遇スキルは向上していく。

　私は中堅職員として、係内の他の職員をも巻き込んで接遇スキルの向上を図り、お客様満足度100％を目指していく所存である。

※　**秀逸な書き出しです。このように、エピソードや事例で書き出すと、インパクトがあり採点官の心をグッとつかむことができます。**

5 風通しの良い職場づくり
（主任）

【出題テーマ】
　市民に信頼される市政運営をするためには、一人ひとりの職員が相互に連携しながら課題解決を図っていく風通しの良い職場づくりをする必要があります。そのために、主任が果たすべき役割について論じてください。

◎ 合格論文　　セリフ効果を狙った臨場感あふれる論文

1. 市民の負託に応えるために

　「お先に〜！」。毎日のように残業している他の職員に声かけすることもなく、自らの担当業務を手際よく片付けて、毎日定時で帰っていくベテラン職員がいた。これは、私が市役所に採用された当時のことだが、係内のコミュニケーションは滞り、職員同士の会話も少なかった。[※1]

　近年、市民ニーズの多様化に伴って行政需要は増大しているが、限られた行政資源を効率的に使い、着実に成果を出していかなければならない。そのためには、係内の連帯意識を高めてコミュニケーションを円滑化し、風通しの良い職場づくりをする必要がある。今こそ、係長を補佐する立場にある主任の率先した行動が求められている。

2. 風通しを良くするために私が実践すること

　係に新しい風を吹き込むために、私は以下の三点を実践する。

　第一に、職員同士のフラットな関係をつくることである。年齢や性別などによる見えない垣根があると、会話のキャッチボールが円滑に行われなくなる。そこで私は係長の承諾を得たうえで、職員同士が感謝の気持ちを伝え合うためにサンクスカードを渡す取組みを始める。また、オフサイトミーティングの実施を係長に進言し、景色の良い上階の会議室などを借り

て係ミーティングを実施する。※2 役職や肩書に捉われないリラックスした雰囲気で近況を伝えたり、研修受講者が研修内容を紹介するなどして、係の全員が自由に発言できるように配慮する。これにより、職員同士の接点が増えてフラットな関係を築くことができる。

　第二に、情報の共有化を図ることである。法令や補助制度の改正など新しい情報を入手した職員が、その情報を他の職員に伝えないと業務のムダ・ムラ・ダブリが発生してしまう。そこで、分野ごとの情報フォルダを作ってグループウェア上で共有できるようにする。国・県の情報や近隣自治体の動向、庁内の関連情報などをこのフォルダで一括管理して、係内の誰もが情報の出し入れをできるようにする。これにより、必要な情報をいつでも誰でも活用できるようになり、業務効率が高まる。

　第三に、メンター制度を導入することである。多忙な職場や少人数の職場では、若手職員は周りの職員に質問するのを躊躇しがちであり、不安を抱えているケースもある。そこで、主任がメンターとなり若手職員に寄り添いながら助言やアドバイスを与え、丁寧に育成していく。自己啓発やキャリアデザインなど、業務外の内容についても気軽に相談してもらえるように配慮し、貴重な戦力として育てる。これにより、職場での孤立がなくなり、職場全体の士気を高めることができる。

3. 気づかいの連鎖を生もう

　「何か手伝おうか？」。忙しい時には、ちょっとした声かけが嬉しいものである。職員同士が相手の立場を尊重しながら業務を遂行することで、職場では気づかいの連鎖が生まれる。私は率先して人と人とをつなぐパイプ役となり、風通しの良い職場づくりに貢献していく。そして、市民から信頼される市政運営のために係長を補佐していく所存である。

※1　**インパクト抜群の書き出しです。採用時のエピソードとしたことで、現在の職場批判とならないような配慮が感じられます。**

※2　**より現実的で実効性の高い解決策を提示できており、評価できます。**

6　住民満足度の向上（主任）

【出題テーマ】

　市政を取り巻く環境が大きく変化する中、市民ニーズの多様化により新たな行政需要も顕在化しています。このような状況にあっても質の高いサービスを提供して市民の負託に応え、市民満足度を向上させることが求められています。このことについて本市はどう取り組むべきか述べなさい。

◎ 合格論文　優れた現場感覚をアピールする論文

1. 市民の思いを肌で感じて

　令和3年度の市民意識調査によると、本市に「住み続けたい」と回答した人の割合は75.2%であった。令和2年度に比べて3.5ポイントの増であり、近年は増加傾向が続いている。定住化の意向は隣接市に比べて高いものの、4人に1人は「住み続けたい」と回答していないことになる。

　今後、市民満足度をさらに向上させていくためには、市民ニーズの変化に伴って顕在化してきた課題を的確に捉えて、積極的に事業を推進していく必要がある。そのためには、現場で市民の思いを肌で感じながら仕事をしている中堅職員が強いリーダーシップを発揮しなければならない。

2. 市民目線に立てば見えてくる

　市民ニーズの変化により顕在化してくる地域課題は、市民目線に立たなければ見えてこない。※ このことを念頭に、以下の方策を実践する。

　第一に、窓口改革を進めることである。ライフスタイルの多様化に伴い、行政需要も高度化・複雑化しているが、その変化を敏感にキャッチすることができなければ市民満足度は向上しない。本市では窓口サービスを向上させるために様々な取組みを行ってきたが、市民の負担軽減を図る余地は

残っている。特に、窓口DXを推進して「書かない」「待たない」「回らない」というワンストップ窓口を早期に実現するために、若手職員による庁内プロジェクトチームの設置を係長に進言して検討を深化させる。

第二に、市民ニーズの高い新規事業を実施することである。既存事業だけでは市民ニーズを満たせないのに、新規事業を立ち上げることができなければ市民満足度の向上は望めない。例えば、環境に優しい乗り物であり健康志向の高まりもあって注目されている自転車の利用促進を図る。公有地を活用したシェアサイクルやサイクルアンドバスライドを市内全域に展開し、観光振興や地域活性化に寄与する。また、市民ニーズが極めて高い駅前送迎保育ステーションや認知症予防・介護予防の事業化に向けて検討を深化させていく。

第三に、人材育成を行うことである。市民ニーズの変化を捉えて新規事業を企画立案する政策形成能力が職員に備わっていないと、市民サービスの質を向上させることはできない。そこで、OJTと集合研修を戦略的に組み合わせて職員の育成を図る。係長のマネジメントのもと、中堅職員が主体となってOJTを進め、若手職員の能力や個性を尊重しながら成長を促す。その進捗状況を踏まえて適切な集合研修の受講を勧奨し、受講後は他の職員にもフィードバックできるように導いていく。

これらの取組みを進めることにより、市民目線に立って協力しながら業務を遂行する機運を醸成することができる。

3. 市民満足度100%の市政を目指して

市民の生活に寄り添いながら積極的に事業を展開することにより、市民満足度は着実に向上していく。魅力的な取組みが奏功すれば、子育て世代を中心に市外からの転入促進効果も期待できる。そして、多様な世代が心の豊かさを実感しながら健やかに暮らせる街になっていく。

私は、市民に最も近い現場の中核を担う職員としての気概を持ち、市民満足度100%を実現するために職務に邁進していく所存である。

※ 工夫の色が見られます。ありきたりな見出しとリード文が多い中で、その他大勢の受験者から一歩抜け出すことに成功しています。

7 住民に信頼される職場づくり（主任）

【出題テーマ】
　住民との信頼関係を構築するためには、変化する住民ニーズに的確に応え、住民満足度を向上させることが大切です。住民に信頼される職場づくりをどのように進めるのか、あなたの考えを述べなさい。

◎ 合格論文　　キャッチボール技法を用いた論文

1. 職員一人ひとりがキーパーソン

　阪神・淡路大震災の復興支援活動に参加して、神戸市で罹災証明書の発行業務に従事した。私とペアを組んだ神戸市の職員も被災者であり、家族を亡くしていた。しかし、土曜・日曜も公務を優先して市民に寄り添い、懸命に働いていた。そんな彼が、住民との信頼関係とはこうして築くものだと身をもって教えてくれた。

　日頃、私は住民に最も近い現場で働いているが、住民との間に目には見えない障壁があるように感じることも少なくない。今こそ、職員一人ひとりが住民目線に立ち、住民との強い信頼関係を構築しなければならない。

2. 徹底した現場主義を掲げて

　住民の負託に応えて信頼を勝ち取る「仕事集団」をつくる。そのために私は、以下の方策を実践していく。

　第一に、精力的に地域を歩くことである。住民ニーズを充足させるためには、現場に赴いて住民の生の声を聞き、膝を突き合わせて議論する必要がある。しかし、ルーチンワークに忙殺され、机にかじりついて仕事をしている職員も少なくない。私は「現場は宝の山だ」をモットーにして、住民との対話を重ね、地域課題を解決するための糸口を現場で見つけていく。

例えば、閑静な住宅街でありながら自動車の抜け道となっている地域の住民と、安全対策を練るためのワークショップを開催する。現状の分析や対策の検討を住民目線で行いながら、通学路の安全を守っていく。

第二に、業務改善を行うことである。広聴はがきや電話で寄せられる住民意見には業務改善のヒントが隠れているが、これらを単なる苦情として処理すると住民目線での業務改善は進まない。私は住民意見を糸口にして改善すべき点がないか係内で話し合う。例えば、道路緑化計画に基づく歩道への植樹では、落ち葉や毛虫、日陰など芳しくない声も聞かれる。我が家の前には植えてほしくないという声も多い。そこで、道路緑化計画を住民目線で検証しながら、樹種選定にあたっては沿道住民の意見を聞いたり、緑化路線の選定基準を明確化するなど、住民目線での見直しを進める。

第三に、組織力の底上げを図ることである。住民との信頼関係を構築するためには、変化する住民ニーズを的確に捉えて効果的な事業を企画立案する必要がある。しかし、現状では能力が高い職員に業務が集中する傾向にあり、企画立案能力が備わっていない職員もいる。そこで私はOJTの先導役となって若手職員の成長を促していく。例えば、対外調整や陳情対応などで現場に赴く際は若手職員を帯同し、自らの経験や失敗談を語りながらノウハウを伝授する。また、研修や講習会に積極的に参加して、得た知識を他の職員にもフィードバックする。さらには、業務に役立つ国家資格にも積極的にチャレンジして職員の学ぶ意欲や向上心を喚起していく。

これらを実践することにより、住民満足度の向上に寄与することができ、住民との信頼関係の構築も着実に進んでいく。

3. 神戸で学んだことを胸に

われわれ職員は皆、「区役所」という看板を背負って仕事をしている。一人ひとりが自覚と緊張感を持ちながら真摯に行動することで、困難な時代にあっても揺るがない住民との強い信頼関係を構築することができる。

地震で住む家を失った神戸市民が、罹災証明書を握りしめて職員の労をねぎらいながら帰っていく姿を、今でも私は忘れることができない。

※　著者が主任試験の受験にあたって書いた論文です。

8 職場のチームワーク強化
（係長）

【出題テーマ】
　社会の潮流が大きく変化する中、質の高い市民サービスを安定的に提供していくためには、組織のチームワークを良好に保つ必要があります。職員一人ひとりが個々の能力を最大限に発揮し、チームとして業務を遂行していくためにどのように行動するのか、あなたの考えを述べなさい。

◎ 合格論文　　当事者意識の高さをアピールできている論文

1. 高度化する行政需要

　少子高齢化や人口減少への対応、防災まちづくり、脱炭素化の取組みなど、市民からの要望は増加しており、行政に対する期待がますます大きくなっている。このような要望や期待に的確に応えていくためには、限られた行政資源を効果的に使い、高いチーム力で業務を遂行していかなければならない。職場のチームワークを強化し、質の高い行政サービスを提供するために係長が果たすべき役割は極めて大きい。

2. 鉄壁のチームワークを築く

　係は市役所内の最小単位のチームである。現場の中核を担うチーム全員が同じベクトルを持って成果を出していくために、次の三点を実践する。
　第一に、目標による管理を徹底する。成果を追求して効率的に業務を遂行していくためには明確な目標を掲げて、適切に進行管理をしていく必要がある。しかし、年度当初に掲げた目標が形骸化し、手段が目的化しているような事例も見受けられる。そこで私は、課長との面接を経て示された課の目標を係会議で共有したうえで、係全員の話し合いにより係目標を設定する。※　その後、一人ひとりの職員との面接を行いながら能力より少し

高いレベルの個人目標を設定させる。計測と達成が可能で具体的な目標とすることを職員に意識させ、主体的に進行管理ができるように導いていく。これにより、係の一体感を醸成して成果を追求する体制を構築することができる。

　第二に、コミュニケーションを円滑にする。自らの担当業務に没頭している職員が多いとコミュニケーションが停滞し、協力体制をとることができなくなる。そこで私は、業務の進捗状況や課題を伝え合うために、係の朝ミーティングを行う。また、日頃から職員への声かけを励行し、困難な課題を職員が抱え込まないように見守っていく。さらには、行動や意識を変化させたい場面では、互いの立場を尊重しながら意見を伝え合う創造的なコミュニケーションとしてダイアローグを実践する。これにより、年齢や性別による垣根を取り払い、風通しの良い職場をつくることができる。

　第三に、情報の共有を図る。必要な情報を必要な時に迅速に取り出せるようになっていないと、効率的に業務を遂行することはできない。そこで私は、まず情報を共有する目的や意義を係会議で再認識させる。そのうえで、マニュアルや報告書、地域の情報などの「形式知」を電子化して係の共有フォルダで一括管理する。また、特定の職員が有するスキルや技術などの「暗黙知」は、マニュアルや手引きなどに盛り込むように働きかけ、係の共有の財産として活用できるようにする。これにより、業務のムダやムラがなくなり、市民サービスを効率的に提供できるようになる。

3. がっちりとスクラムを組んで

　2020年をピークに本市の人口も減少に転じた。これまで安定していた本市の財政基盤も安泰が約束されてはいない。このことを肝に銘じて、係の全員がしっかりとスクラムを組んで困難な課題に立ち向かっていけば、市政の発展に寄与することができる。

　私は係長として、係のメンバーの能力や意欲を最大限に引き出し、市民サービスの質を高めていく所存である。

※　出題文に「どのように行動するのか」という文言があるため、係長としての当事者意識の高さをアピールするのに効果的です。

9　組織力の底上げ（係長）

【出題テーマ】
　困難な地域課題を解決するためには、組織の最小単位である係の組織力を底上げして、協力しながら業務を遂行する必要があります。このことについて、係長としてどのように取り組むか、あなたの考えを述べなさい。

◎ 合格論文　　昇任後の自分を明確にイメージして書いた論文

1. 市民の暮らしに寄り添うために

　景気は緩やかな回復基調にあると言われているが、燃料費の高騰や物価高が市民の暮らしを直撃しており、地域からは「生活が苦しい」という悲鳴にも似た声が聞こえてくる。

　市民にとって市役所は最大のサービス業である。困難な時代にあっても市民の暮らしに寄り添い、質の高いサービスを提供しなければならない。今こそ、市民の期待に応えていくために組織力の底上げを図り、職員の力を結集しながら積極的に事業を推進しなければならない。

2. 困難な時代に飲み込まれない強い組織を※

　一人ひとりの職員が能力を最大限に発揮して、協力しながら業務を遂行する強い組織をつくるために、以下の方策を実践する。

　第一に、明確なビジョンを浸透させることである。ビジョンが明確でないと担当業務の成果が実感できず、やりがいを持って業務を遂行することができない。そこで、年度当初の係会議では、係が担う業務を体系的に捉えて市政における位置付けを全員で確認する。そのうえで、課長から示された組織目標をもとに係としてのビジョンを定める。係の全員がこのビジョンを共有したうえで、達成可能で能力より高い個人目標を定める。ビジョ

ンの実現に向けて、一人ひとりが個人目標を達成するために努力し、協力し合えるように進行管理する。これにより、進むべき方向性が明確になって一体感を生み出すことができる。

第二に、係内の風通しを良くすることである。役職や年齢、職種による垣根があると、特定の職員だけと会話をするようになりコミュニケーションが停滞してしまう。その結果、課題やトラブルを個人が抱え込み、ストレスを溜めることにもなりかねない。そこで、手休め時間の雑談や情報交換がしやすい雰囲気をつくるため、毎朝のミーティングや定例の係会議で全員が発言できるように旬の話題を提供する。また、座る席を固定しないフリーアドレスを試行してみるなど、コミュニケーションが円滑になるように工夫する。これにより、風通しの良い職場となり、困難な地域課題を解決するための協力体制が構築できる。

第三に、OJTを実践することである。増大する行政需要に応えるためには、一人ひとりの職員の能力を向上させる必要がある。多忙だからという理由で、集合研修に依存していては職員が育たない。私は係の育成方針を明確に示したうえで、住民対応のノウハウや文書作成のコツなどをベテラン職員から若手職員に伝授してもらう。また、中堅職員にメンターとなってもらい、寄り添い型の若手育成を行う。これにより、OJTを集合研修によって補完しながら実効性の高い育成を図ることができる。

3. 強い推進力をもったワンチームで

ラグビーでは8人でスクラムを組むが、押す力が分散しないようにガッチリと肩を組んで相手を押し込む。係の運営もスクラムと同じようにメンバーが結束して強い推進力を生み出すことができれば、いかに困難な地域課題であっても解決できるはずだ。

私は係長として、組織力の底上げを図って強い推進力を備えたワンチームをつくり、市民の暮らしを支えるために機能させていく覚悟である。

※　この見出しには、係長としての力強い決意がにじんでいます。採点官を本文へと導く役割を、しっかりと果たしている良い見出しです。

10 目標による管理（係長）

【出題テーマ】
　困難な課題を克服し、質の高い市民サービスを提供していくためには、職員一人ひとりが組織目標を意識し、その達成に向けて能力を存分に発揮する必要があります。このことを踏まえ、係長として「目標による管理」をどのように実践するのか、あなたの考えを述べなさい。

◎ 合格論文　しっかりと住民を主役に据えた論文

1. 目標達成を市民の幸せにつなげる

　予想をはるかに上回るスピードで進む少子高齢化や人口の減少など社会経済情勢が大きく変化する中、ライフスタイルの多様化に伴って行政需要も増大している。このような状況下で限られた行政資源を効果的に活用して成果をあげるためには、組織目標の達成に向けて職員が主体的かつ積極的に行動しなければならない。そのためには、目標による管理を実践して徹底的に成果を追求する必要がある。

　組織目標を達成したその先には市民の幸せがあることを念頭に、今こそ係長は職員の能力と意欲を最大限に引き出す伴走型のマネジメントを実践しなければならない。※

2. 成果を追求する係運営を

　目標による管理を実践し、職員に寄り添いながら成果を追求していくために、私は係長として以下の三点に取り組んでいく。

　第一に、的確な個人目標を設定させることである。容易に達成できそうな低い目標や実現不可能な高い目標を掲げても、組織目標の達成に寄与することはできない。課の目標と係や個人の目標をしっかりとリンクさせた

うえで、一人ひとりの職員の能力より少し高いチャレンジングな目標を設定できるよう助言する。また、職員のキャリアプランの実現に向けた意欲を喚起し、着実に成長できるよう導いていく。

第二に、職員が自己統制しながら主体的に進行管理できるようにすることである。成果を重視するあまり係長が過度に干渉すると、職員の意欲や自主性が削がれてしまう。係長は進捗状況の報告を受けながら目標達成に向けて努力している職員を見守り、顕在化した課題の解決をサポートしたり業務の進め方を軌道修正したりするなどの支援を行う。

第三に、目標の達成度を適正に評価することである。年度末の忙しさにかまけて目標達成度の評価をおろそかにすると、成果主義の原則を貫徹することができない。そこで、年度末には係長面接を実施して職員の自己評価をもとに達成状況を確認する。そのうえで、来年度に向けた課題を共有し、業績評価制度と連動した適正な評価を行う。さらに、係会議を開催して組織目標達成への貢献度を検証する。その結果は、係長として経営管理の観点からの検証を加え、課長に報告する。

こうして個を活かす伴走型のマネジメントを実践することにより、係の一体感が醸成され、質の高い市民サービスの提供につながっていく。

3. 現場で「市民第一」を実践する

現場で市民と接する最前線の組織が係である。この係を統括するプレイングマネージャーとして、係長が担うべき役割は極めて重要である。

社会状況が変化する大きなうねりの中で困難な課題に直面したとしても、個の力を結集して立ち向かえば解決するための強い推進力を生むことができる。私は「現場第一」の市政運営の中核を担うという気概を持って、「市民第一」の係運営に全身全霊を傾注していくことを誓う。

※　「目標による管理」が出題された場合、受験者の多くは住民の存在を抜きにして論を展開してしまいます。このように、住民の幸せが最終目標にあるという認識を示すことにより、説得力が高まります。

11 活力ある職場づくり
（係長）

【出題テーマ】

　人口減少が続いている本市は、限られた行政資源を効率的に使い、山積する課題を着実に解決していくことが求められています。そのためには、積極果敢にチャレンジしていく活力ある職場をつくらなければなりません。このことについて、あなたが係長として実践することを述べなさい。

◎ 合格論文　　視野の広さが随所に読み取れる論文

1. 困難な時代に負けない組織を

　我が国の人口は、2005年に戦後初めて前年を下回った。その後、2008年にピークを迎え、2011年以降は減少し続けている。今後も増加に転じることはなく、2100年には人口半減社会を迎えると予想されている。税収の減少に加え、社会保障費の増大による財政基盤の悪化や地域コミュニティの衰退など懸念材料が多く、本市にとっても予断を許さない状況である。※

　このような状況にあっても、本市は高度化する行政需要に着実に応えていく必要がある。そのためには、職員が一丸となって課題解決を図る活力ある職場づくりを、係長が率先して進めなければならない。

2. 職場の活力が推進力を生む

　一人ひとりの職員が能力を存分に発揮できる活力ある職場をつくるため、私は係長として次の三点を実行する。

　第一に、コミュニケーションを円滑にする。活気あふれる係にするためには、役職や性別などの垣根を取り払いフランクに接することができるようにする必要がある。しかし、同年代の人や近くの席の人としか会話をし

ない職員がいるため、情報が停滞する傾向にある。そこで随時、朝ミーティングを行い、係の全員で顔を合わせて情報交換をする。また、相手の良い行動に対して名刺サイズのカードで感謝の気持ちを伝えるグッジョブカードを実践する。さらに、座る席を自由に選択できるフリーアドレスを試行してみる。これにより、コミュニケーションの幅を広げることができ、信頼関係の構築にもつながっていく。

　第二に、目標による管理を行う。モチベーションを高く保ちながら、やりがいを持って業務を遂行するためには、市政における政策・施策と自らの担当業務の関わりを認識する必要がある。しかし、市政全般に目を向ける余裕がない職員もおり、仕事のパフォーマンスが向上していない。そこで、基本構想や基本計画を用いた政策・施策勉強会を行い、自らの担当業務の市政における位置付けを認識してもらう。そのうえで、全員の話し合いによって係目標を決め、チャレンジングな個人目標を設定して主体的に進行管理できるようにする。これにより、組織目標の達成に向けた推進力を生み出すことができる。

　第三に、ナレッジマネジメントを実践する。市民サービスの向上に向けて効率的かつ効果的に業務を遂行するためには、特定の職員が有する知識やノウハウを誰もが活用できるようにする必要がある。そこでマニュアルや手引きに、暗黙知を言語化して落とし込む取組みを係の全員で進める。これにより、形式知となった知識やノウハウを係の全員が共有できるようになり、業務効率の向上につながっていく。

3. 持続的に発展していく市政の実現

　「誰もが心豊かに安心して暮らすまち」。これは、基本構想に掲げる本市の将来像である。いかに困難な時代が訪れようとも、全職員が一丸となって取り組むことができれば、この将来像は必ず実現できると私は信じている。職員が相互に補完しながら一丸となって働く活力ある職場づくりを進め、私は課長を補佐しながら市政の発展に寄与していく覚悟である。

※　出題されたテーマの背景をしっかりと分析したうえで、懸念材料を挙げており、高く評価できます。

12 安全・安心のまちづくり
（管理職）

【出題テーマ】
　市政に関する世論調査で市の重点課題だと思うものを尋ねると、常に回答数が上位となるのが「防災まちづくり」です。この結果から、市民は地震や水害に対する不安を抱きながら日常生活を送っていることがわかります。このことを踏まえ本市は、災害に強い安全・安心のまちづくりをどのように進めるべきか、あなたの考えを述べなさい。

◎ 合格論文　　ハードとソフトの両面から論じている論文

1. 災害に強いまちづくりは行政の使命

　住民の生命、身体及び財産を災害から保護するため、防災に関する計画を作成し、法令に基づきこれを実施する責務を有する。これは災害対策基本法に定められている自治体の責務である。

　今後30年以内に70％の確率で発生するとされ切迫性が指摘されている首都直下地震に加え、深刻な気候変動の影響により頻発している大型台風や集中豪雨も、市民生活に不安を与えている。このような不安を解消して市民が安心して暮らすことができるまちをつくるために、市はハードとソフトの両面から防災まちづくりを強力に推進していかなければならない。

2. 迫りくる災害に備えて解決すべき課題

　市はこれまで地域防災計画や都市計画マスタープランに基づき、避難所となる公共施設の耐震化や木造住宅密集地域における建物の不燃化、道路拡幅などを推進して着実な成果をあげてきた。しかし、未だ以下のような課題を抱えている。

　第一に、気候変動が急速に進み水害が頻発する中、治水対策が追いつい

ていないことである。河道を確保するための 浚渫工事は渇水期限定となり、
堤防の強化にあたっては用地買収を伴うこととなるため、いずれも長期間
を要し、多額の必要コストも大きな障壁となっている。また、地震や火災
から逃れて一時的に避難することができる地域のオープンスペースが不足
していること、倒壊の危険性が高い空き家が増加していることも大きな課
題である。

　第二に、災害リスクに対する市民の理解が進んでおらず、避難情報の伝
達手段が整備できていないことである。水害時の浸水予想区域図や避難所
マップの各家庭への配布は既に完了しているが、その認知度は決して高い
と言えず、迅速な避難に向けた意識の向上につながっていない。また、市
民に避難情報を伝達するために市内全域に配備している防災行政無線は、
天候や風向きによって音声が届きにくい地域も存在する。

　第三に、自助・共助が機能する地域防災力の充実・強化が遅れているこ
とである。阪神・淡路大震災では、倒壊した住宅から救出してたくさんの
命を救ったのが地域住民だったと言われており、地域で助け合える共助の
重要性と公助の限界を再認識させられた。しかし、本市においては核家族
化の進行や外国人住民の増加、自治会の加入者数の激減などにより地域コ
ミュニティが弱体化しており、自らの地域を自らが守る共助の精神が育ま
れていない。地域の誰もが災害リスクを自覚し、災害弱者の避難誘導や救
助、避難所の運営などを担える地域防災力の充実・強化が大きな課題となっ
ている。

3.　安全と安心をセットで実現するために

　市民の生命、身体及び財産を災害から守るために、スピード感を持って
実施すべき災害対策は以下のとおりである。

　第一に、これまでの地震対策に加えて水害対策を精力的に進めることで
ある。特に、台風のたびに決壊や越水の危険にさらされている市管理の中
小河川の堤防補強を急ぐ必要がある。財源確保に向けて国や県への働きか
けを強め、庁内においても基本計画や実施計画に明確に位置付けて予算を
重点的に配分して工事を進めていく。さらに、地震が発生した際に一時的
に避難できるオープンスペースを地域ごとに確保するため、倒壊の危険性

がある空き家の所有者と協定を締結して更地化し、ポケットパークとして整備する。

第二に、災害リスクに対する市民の理解を深め、複数のルートで避難情報を伝達できるようにする。まず、各戸配布が完了している災害ハザードマップの内容を理解してもらうための地域説明会や出前講座を改めて実施する。また、防災行政無線で放送した避難情報をショートメールにしてスマートフォンに送信するとともに、地域FMのラジオ放送でも伝達できるようにする。

第三に、地域コミュニティを活性化して地域防災力の充実・強化を図ることである。核家族化の進行や外国人住民の増加などを踏まえ、避難所ともなる小学校区ごとのコミュニティを形成することで、災害時にも有効に機能する横のつながりを形成していく。例えば、小学校の運動会を地域参加型にして防災訓練の要素を組み込んで、倒壊した家屋からケガ人を救助する障害物競争や初期消火のためのバケツリレー競争などを実施する。※

これらの方策を粘り強く実践していくことで、ハードとソフトの両面から防災まちづくりを強力に推し進め、安全で誰もが安心して暮らすことができる市政を実現する。

4.「安心して住んでください」と言えるまちに

迫りくる災害の足音が聞こえる今、防災まちづくりを進めるにはスピード感が極めて重要である。従来からのハード面の対策だけでなく、被災後を見据えたソフト面の対策を進めなければならない。そのため、横のつながりを意識した地域防災力を強化し、有事の際にしっかりと機能するよう市が支えていくことが不可欠である。私は管理職として、防災まちづくりの分野においても強いリーダーシップを発揮し、「安心して住んでください」と自信を持って言えるまちをつくっていく決意である。

※　外国人住民や独居高齢者などが気軽に参加できるイベント形式の防災訓練は、地域コミュニティの活性化にも寄与することが期待されています。

13 人口減少時代の行政運営（管理職）

【出題テーマ】

　少子高齢化が急速に進展する中、我が国は人口減少時代を迎えたと言われています。人口構造の変化により、地域社会においては様々な課題が顕在化しており、行政需要の増大が危惧されます。このことを踏まえ、市はどのように対応していくべきか、あなたの考えを述べなさい。

◎ 合格論文　　　高いレベルの解決策を提示している論文

1. 人口オーナスに負けない市政運営を

　「2040年問題」を危惧する声が高まっている。団塊ジュニア世代が高齢者となる2040年に、高齢化率は36.1％となりピークを迎える。一方で、1億2500万人いる我が国の人口は、2100年には5000万人を下回るとも推計されており、どの国も経験したことのないスピードで人口減少の波が押し寄せてくる。総人口に占める労働力人口の割合は、2014年の約52％から2060年には約44％に低下し、働く人よりも支えられる人が多い「人口オーナス」となる。[※1] 今こそ市は、地域の活力や賑わいを創出し、持続可能な市政運営に向けて積極的に政策を展開しなければならない。

2. 持続的な発展を阻もうとするもの

　少子高齢化と人口減少が同時進行する中、市民の誰もが豊かさを実感できる地域社会を構築するために、市は以下の課題を解決する必要がある。

　第一に、地域コミュニティの弱体化が進むことである。本市の人口は2010年をピークに減少を続けており、空き家や空き店舗が増加している。また、ワンルームマンションの建設が進んでおり、自治会の加入率が低下するなど、地域への帰属意識が低くなっている傾向にある。人と人との関

係が希薄化して地域活動の担い手が不足すると、災害発生時に期待されている相互扶助が機能しない可能性もあるため、早急に対策を講じる必要がある。

第二に、生産年齢人口の減少により、税収が減ることである。人口構造の変化により、今後はケアする側の人数が減る一方でケアされる側の人数は増加していくことになる。したがって、質の高い市民サービスを提供し続けていくための必要財源の確保に向けて、若い世代の転入を促進することが不可欠である。

第三に、多様化する行政需要への対応が困難になることである。現在のペースで生産年齢人口の減少が続けば、医療や介護に加え保育などの分野でも深刻な労働力不足に直面することになる。これまでのように、それぞれの自治体が単独で対応するのが非効率な状況も想定されるため、市民サービスの低下を招かないように対策を講じなければならない。

3. リスクを想定して先手を打つ

人口減少の波に飲み込まれずに、本市が持続的に発展していくためには、以下の方策を実践するべきである。

第一に、人と人とのつながりを強化し、地域を元気にすることである。新たな賑わいを創出して地域の価値を高めるために、<u>エリアマネジメントを実践する</u>。地元企業や商店街などに運営を委ねながら、<u>市職員やコンサルタントがサポート</u>して運営を軌道に乗せていく。マルシェやフードフェスタ、オープンカフェなどの誘客イベントを行う際には、<u>歩道の一部や公園などの公共空間を活用</u>できるようにし、<u>外国人住民や民間事業所など誰もが参加しやすくなるような工夫をする</u>。※2 これにより、地域への帰属意識が徐々に高まり、有事の際にも相互扶助が機能しやすくなる。

第二に、地域の魅力を創出して、転入人口を増加させることである。子育て家庭や働き盛りの世代を呼び込むために、駅前送迎保育ステーションの設置など子育て支援策の充実・強化策を検討するとともに、水と緑が豊かな本市の環境と調和した暮らしやすいまちづくりを進める。さらに、本市と縁のある人気漫画のキャラクターを活用した観光まちづくりを推進し、まちの魅力アップを図っていく。

第三に、隣接市との水平的・広域的な連携を強化することである。共通の課題を抱えている自治体同士が連携することで、効率的な運営が可能となる事業は少なくない。例えば、ごみ処理や消防、上下水道などの分野は事務の共同化によって地域課題を包括的に解決することができるため、検討に値する。[3] さらには、職員のスキルアップを図るための実務研修を隣接する市が合同で行う。また、SDGsやゼロエミッション、DXの推進など、広域的に連携することで実効性を高められる事業は、共同事業化を積極的に検討する。これにより、スケールメリットを最大限に活かした事業展開が可能となり、行政コストの縮減にもつながる。

4. 誰もが豊かさを実感できる社会へ

現役世代と高齢者の人口が1対1に近づく「肩車社会」が2060年に到来する。[4] これにより、医療や介護などの社会保障における給付と負担のバランスが崩れるなど、多くの課題が顕在化することになる。これらの課題から目を背けたり手をこまねいたりすることなく、先手を打って対応していかなければならない。

私は管理職として、強いリーダーシップを発揮して職員を鼓舞し、顕在化してくる課題の一つひとつを着実に解決へと導いて、先見の明を持って職務に邁進していく所存である。

※1　高齢化や人口減少が想定を上回るスピードで進んでいることを数字で示しており、社会的背景を的確に捉えていると評価できます。

※2　地域を元気にする取組みとしてエリアマネジメントを挙げ、活動内容にも踏み込んで論述しており、説得力があります。

※3　小手先の対応では解決できない出題テーマの場合は、このように高いレベルの解決策を提示するのも有効です。

※4　第1章で提示した「人口オーナス」を第4章の「肩車社会」が受けており、キャッチボール技法が説得力を高めています。

14 持続可能な地域社会の構築（管理職）

【出題テーマ】

　少子高齢化が急速に進展した我が国においては、2008年をピークに人口が減少に転じており、いよいよ人口減少社会に突入しました。このような人口減少下においても、本市は持続可能な地域社会を構築するために様々な施策を積極的に展開していかなければなりません。このことを踏まえ、あなたは管理職として何を実践するのか具体的に述べなさい。

◎ 合格論文　出題テーマの核心を突いている論文

1. 危機感をバネにして発展する市政を

　持続することが可能であるという前提のもと、これまで全国の自治体は行政運営を行ってきた。しかし、人口減少の強い波が急激に押し寄せてくる中で、安泰として手をこまねいていると消滅する可能性さえあると、日本創成会議がセンセーショナルに警鐘を鳴らした。20～39歳の女性の人口が2040年までに5割以上減少すると推計された896市区町村を「消滅可能性都市」と定義付けたのだ。[※1]　幸い本市は、このリストに名前が挙がってはいないものの強い危機感を持ちながら、経済・社会・環境の相互調和を図り、どのような荒波にもまれても流されない安定した市政を実現しなければならない。今まさに、管理職が強いリーダーシップを発揮すべき時である。

2. 持続的な発展の障壁となりうる不安要素

　持続可能な地域社会を構築するうえで、本市が解決すべき課題は以下の三点である。

　第一に、財政が硬直化しかねないことである。駅周辺の市街地再開発事

業や老朽化した公共施設の更新など膨大な財政需要がある中で、本市においても生産年齢人口は減少に転じており、歳入予算の確保が喫緊の課題となっている。

第二に、地域コミュニティが弱体化していることである。少子化や核家族化が進行する中で、地域の子どもたちを支えるために形成された学校単位の防災組織やPTA、子ども会などの活動が停滞しがちである。また、自治会への加入率も低下しており、有事の際に自らのまちを自らが守るという共助の精神が育まれにくくなっている。※2

第三に、気候変動の影響が顕著になっていることである。大型台風の襲来や局地的な大雨により、本市が管理する中小河川の堤防が決壊することが危惧されるなど都市基盤が脆弱である。また、SDGs達成のための重要な要素でもある気候変動への対策が遅れている。

3. 市政を成長軌道に乗せる

立ちはだかる障壁を取り除き市政を成長軌道に乗せていくために、以下の三点に重点的に取り組んでいく。

第一に、徹底した行財政改革を断行し、財政基盤を安定化することである。行政評価制度を活用しながら事務事業の不断の見直しを行い、重要度や緊急度、補助財源の有無などによって事業の仕分けを行う。また、歳入予算を増やすために、市の魅力を向上させて地域の賑わいを創出する観光振興策を展開し、生産年齢人口を呼び込んでいく。

第二に、地域の担い手を発掘し、育成することである。現在、本市では自治会や商店会、PTAに加え、NPOや防災市民組織など多くの団体が主体的に活動しており、市政の発展に寄与している。これらの団体同士が交流する行政連絡協議会を機能させ、地域活動やイベントなどで連携協力できるようにする。また、リーダー養成講座の実施や広報・啓発活動などで、地域の担い手を育成するために市が後方支援していく。さらには、自治会ごとの特長や活動状況を市ホームページや公式SNSで広く発信し、加入率の向上を図っていく。

第三に、官民の連携によりゼロエミッション戦略を結実させるとともに、防災まちづくりを推進することである。まず、地球温暖化の要因である温

室効果ガスの排出量を減少させるため、行政・企業・家庭が取り組むメニューを明示し、それぞれの成果を可視化して公表する。また、<u>SDGsを達成するために活動している企業を認証し、貢献度が高い企業は市の広報紙やホームページで紹介する。</u>※3 さらに、国の補助制度を積極的に活用しながらスピード感を持って堤防の強化やかさ上げ工事など、都市基盤整備を推進する。

　これらの方策を実践することにより、人口減少社会においても地域の活力を維持できるようになり、市政を成長軌道に乗せていくことが可能となる。

4．いつまでも住み続けたいと思えるまちに

　人口減少下にあっても持続可能な地域社会を構築し、市政を成長軌道に乗せていくためには、経済・社会・環境の相互調和を図り不断の努力を重ねていく必要がある。私は管理職として、広い視野と柔軟な発想を併せ持ち、「アリの目」で精緻に物事を検証し、「タカの目」で大局的に事象を俯瞰し、時には「魚の目」で社会の潮流を捉え、市政の発展に寄与していく覚悟である。

※1　日本創成会議は民間の会議体ですが、危機感を共有するために序論で取り上げるのは効果的です。

※2　災害時に避難所の運営を担うことが期待される地域団体の中でも自治会が果たす役割は極めて重要です。加入率の低下が進めば地域コミュニティをさらに弱体化させる恐れもあるため、ここで問題点として挙げたのは評価できます。

※3　認証制度の創設や貢献度の周知は、民間企業の社会的評価にもつながりますので、有効なインセンティブ制度です。

15 脱炭素社会の実現
（管理職）

【出題テーマ】

　気候変動がもたらす影響は、ますます深刻さを増しています。持続可能な開発目標（SDGs）を達成するためにも、脱炭素社会の実現に向けたロードマップを実践して本市は先導的な役割を果たしていかなければなりません。このことを踏まえ、本市は今後どのように対処すべきか、管理職としてのあなたの考えを述べなさい。

◎ 合格論文　官民が連携する姿がイメージできる論文

1. 脱炭素化を本市の責務と捉えて

　巨大なハリケーンの襲来、熱波や大規模な山火事の発生など、世界各地で気候変動の影響が顕在化してきている。日本でも気温40℃以上の暑さを記録したり、これまでに経験したことのない豪雨災害が発生するなど気候変動がもたらす影響が深刻さを増している。

　このような中、脱炭素化に向けて世界は動き始めており、2015年には地球温暖化の原因となる温室効果ガスの削減に取り組むパリ協定が締結された。また、東京を含む398の都市が2050年までにCO_2排出量を実質ゼロにすることを目標に掲げて行動を開始している。

　本市においても、これらの動きに同調しながら持続可能な開発目標（SDGs）の達成に向けてゼロエミッション戦略を策定し、様々な施策を実施しているところである。

　今こそ、脱炭素化を本市の責務と捉えて、経済・社会・環境の調和を図りながらリスク回避に向けた歩みを進める時である。

2. 気候変動のリスク回避に向けた課題

地球温暖化は想定を超える速度で進んでおり、今後の施策展開にあたっては以下の課題がある。

　第一に、官民の連携をより緊密にする必要がある。行政、住民及び事業者が共に自らの役割を全うし、NPOを始めとする地域の活動団体を巻き込みながらスピード感を持って施策を展開していく必要がある。しかし、環境負荷の低減に向けた先導的な役割を果たすべき事業者間において、経営理念や取組方針に温度差があるため、パートナーシップを構築するのが難しい状況である。

　第二に、率先した環境行動をとるためのインセンティブが不足している。近年、脱炭素化に対する意識は高まっており、自発的な活動に結びつくケースも増えているが、全ての住民や事業者が率先した取組みをしないと成果に結びつかないという根本的な問題を抱えている。全ての住民と事業者が危機感を共有して行動に移せるように、市は意識啓発に取り組む必要がある。

　第三に、脱炭素化に寄与できる有効な施策を打ち出す必要がある。全ての住民と事業者を巻き込んで環境行動の成果を出していくためには、脱炭素化に着実に寄与できる有効な施策を市が提示し、住民や事業者が率先して行動できるような環境を整備しなければならない。しかし、現状では環境行動のメニューの提示にとどまっており、成果を実感しながら継続するためのインセンティブが働いているとは言い難い状況である。

3. 官民の協働で実現する脱炭素社会

　本市が掲げているゼロエミッション戦略に基づき、経済・社会・環境の調和を図りながら以下の三点を実践していくこととする。

　第一に、脱炭素化に向けて官民が連携するための機会と場を提供することである。地域ごとの活動拠点として地区センターの会議室や学校の空き教室を確保し、住民や事業者、NPOなどの地域団体が環境行動の成果を持ち寄って意見交換できるようにする。また、1年の活動成果を地域ごとに発表・展示する脱炭素フェアを開催して、各地域の交流を深めてもらう。このことにより、経営理念や取組方針に温度差があったとしても地域ごとの環境行動に参加しやすい仕組みをつくることができる。

　第二に、環境行動を始めるきっかけをつくり、続けるためのインセンティ

ブを与えることである。[※] 脱炭素化に向けたリーディングカンパニーを目指す市内の事業者や家族ぐるみで環境行動をとる家庭を募り、取組内容や成果によって1つ星から5つ星までの認証を行い、市ホームページや広報紙で優良企業と優良家庭を公表する。また、事業者ごとに環境行動の活動成果を可視化できるようなシステムを構築していく。このことにより、継続するためのモチベーションを維持することができる。

　第三に、学校・家庭・地域・事業者が気軽に実践できる環境行動のメニューを増やし、脱炭素化に向けた協働意識を醸成することである。例えば、ノーマイカーデーを設けて自転車や公共交通機関の利用を促進する取組みを始めたり、家具や電化製品を買い替える際に古いものを捨てずに展示販売できるエコライフスペースを地域ごとに運営したりしてもらう。また、電気自動車への買い替えや太陽光発電システムの設置にあたり、国の補助金と併せて市独自の助成金を支給する。これらのメニューごとに、脱炭素化に向けた貢献度がわかるように「協働ポイント付与制度」をつくり、協働の気運を高めていく。

4. 脱炭素化でピンチをチャンスに

　脱炭素化は地球規模の壮大なテーマであり、一つひとつの環境行動が成果として実感しづらいことに対策の難しさが潜んでいる。しかし、脱炭素社会の構築に向けて率先した行動をとることは、ゼロエミッション戦略を高く掲げた本市の最重点課題であり、政令指定都市としての責務でもある。気候変動の影響が深刻さを増している今こそ、怯むことなくピンチをチャンスに変える気概を持って、知恵を絞り創意工夫を重ねながら、持続的に発展する明るい未来を切り拓いていかなければならない。

　私は管理職としてその先頭に立ち、身を粉にして、成果を追求していく覚悟である。

※　**環境行動を始めるきっかけをつくり、続けてもらうためのインセンティブを与えることは行政の重要な役割です。ここで挙げた解決策はいずれも成果が期待できるものであり、説得力が高い論文に仕上がっています。**

16 ワーク・ライフ・バランスの実現（管理職）

【出題テーマ】

　働き方改革の推進やライフスタイルの多様化により、仕事重視ではなく私生活との調和に重きを置く取組みが求められています。経済的な豊かさだけでなく心の豊かさも重視するワーク・ライフ・バランスの実現に向けて、市が率先して実践すべきことについて、あなたの考えを述べなさい。

◎ 合格論文　　民間事業者をリードする気概が伝わる論文

1. 今こそ未来への投資を

　少子高齢化が急速に進展して人口減少社会に突入した我が国にとって、ワーク・ライフ・バランスを実現することは、持続可能な発展を遂げるための「未来への投資」である。

　我が国は経済大国と言われて久しいが、柔軟でゆとりある労働環境の実現には至っておらず、なお多くの課題を抱えている。家庭生活や地域活動にも柔軟に時間を使い、心身の健康を保ちながら意欲的に活動してこそ、仕事でも能力を十分に発揮できるため、そのための環境を整備することが求められている。

　今こそ、市は仕事と生活の調和を図り、ライフスタイルの多様化に対応した柔軟な働き方を実現して、その取組みを市内の民間事業者にも波及させていかなければならない。

2. なぜ柔軟な働き方は実現しないのか

　ワーク・ライフ・バランスという言葉は社会に浸透しているが、なぜ実現に向けた取組みが進んでいないのか、その理由は以下の三点である。

　第一に、仕事重視の意識が根強く残っている。働き方改革という掛け声

のもと国や県は啓発活動を行っているが、仕事と生活の調和を図ることの重要性について、職員が共通認識を持っているとは言い難い状況である。職員の意識改革を図り、ワーク・ライフ・バランスの実現に向けた明確な目標と具体的なスケジュールを全庁で共有できるようにする必要がある。

第二に、仕事と生活の調和を図るための制度構築が道半ばである。現状では、多様なライフスタイルに応じて働き方をフレキシブルに選択できるような職場環境になっていないため、柔軟な発想で制度を構築する必要がある。例えば、業務の繁忙期と閑散期で同じような労働時間を設定しているため非効率である。フレックスタイム制や変形労働時間制の導入を前提に、労働時間の設定を職員個々の裁量に委ねることができないか検討する必要がある。また、窓口や電話での住民対応が多くテレワークがなじまない職場もあり、全庁的なテレワークの推進には課題も多い。

第三に、ワーク・ライフ・バランスの実現に向けた進行管理が不十分である。現状では、介護休暇や子の看護休暇、ボランティア休暇などの制度が設けられており、職員にも周知されている。しかし、有給休暇の取得を優先する傾向にあり、取得率を調査して課題を整理するなどの進行管理が十分に行われていない。

3. 掛け声だけで終わらせないために

ワーク・ライフ・バランスを実現できれば、生産性の向上や心身の健康にも大きな効果がある。このような認識のもと、次の方策を実践する。

第一に、仕事と生活の調和を実現するための意識改革を図ることである。まず、仕事と生活の調和を図ることの必要性やメリット、目指すべき将来像などをわかりやすくまとめたリーフレットを全職員に配付する。また、自治体や民間企業の先進的な取組事例を盛り込んだメールマガジンを送付する。さらには、課ごとの休暇取得率を全庁に公開しながら、仕事重視から心の豊かさを重視する意識へと変換を図っていく。

第二に、職員の裁量で柔軟に選択できる制度を構築することである。まず、ライフイベントに合わせた有給休暇の取得を勧奨する。また、子育てや介護の負担が大きい職員は、本人の希望を尊重してテレワークの活用を積極的に進めている職場に異動させる。[1] さらに、フレックスタイム制

167

の導入についても検討を進め、ライフスタイルに応じてフレキシブルタイムを柔軟に運用できるようにする。繁忙期と閑散期が発生する職場においては、変形労働時間制を採用することができないか、労使協議を行いながら検討を進めていく。

第三に、ロードマップを描いて職場単位で進行管理することである。まず、人事考課の目標設定シートに「ワーク・ライフ・バランスの実現」についての取組みを記入する欄を設け、目標とスケジュールを上司が部下と共有する。これまで全庁的に実施してきたノー残業デーは、係や課単位の取組みとして柔軟に運用できるように改める。また、働き方宣言制度を設け、各職員の休暇取得予定日や帰庁予定時間などを係で共有する。

これらの取組みを進めることで、ワーク・ライフ・バランスの実現に向けた機運が醸成され、職場ぐるみの取組みが徐々に進んでいく。

4. 心の豊かさを実感できる地域社会へ

まず隗より始めよ。市は民間事業者をリードする気概を持って、率先して仕事と生活の調和を図るための取組みを進めなければならない。一人ひとりが能力と個性を活かして生き生きと働き、家庭や地域生活においても充実した時間を持てるようになれば、その充実感が仕事の能率を高め、一人ひとりの幸せを築いていく。そして、ワーク・ライフ・バランスが実現し、誰もが心の豊かさを実感できる地域社会になっていく。[※2] 業務効率の高いメリハリのある働き方の実現は、市民サービス向上にも寄与する。

私は管理職として、柔軟な発想と広い視野を兼ね備えてワーク・ライフ・バランスの実現に向けたリーダーシップを発揮していく所存である。

※1　**より現実的で効果が見込める解決策を提示できています。テレワークを推進することで、災害発生時も業務の継続が可能となります。**

※2　**「第4章（結論）」では、このように明るい未来が待っているという確信を持って締めくくるようにします。**

17 障害者雇用の促進
（管理職）

【出題テーマ】

　障害の有無にかかわらず、誰もが能力と適性に応じた職場で働くことができ、住み慣れた地域で自立した生活を送れるような社会を実現する必要があります。このことを踏まえて、本市はどのような取組みを進めるべきか、あなたの考えを論じなさい。

◎ 合格論文　　問題意識の高さが際立っている論文

1. 地域ぐるみで障害者を支える

　国や自治体の多くが障害者の法定雇用率を達成していない実態が、平成30年に判明した。障害者雇用率制度の対象障害者が不適切に計上されていた水増し問題は、マスコミでも大きく取り上げられた。障害者の活躍を社会全体で支援していこうとする機運に、水を差す事態となった。※1

　民間企業における障害者の雇用数は増加傾向にあるものの、中小企業においては法定雇用率を達成した企業の割合が40%代にとどまっている。中小企業が多い本市は、誰一人取り残さないという理念を掲げるSDGsの達成に向けて、今こそ障害者が働きやすい職場づくりを進め、地域ぐるみで障害者を支える環境を整えなければならない。

2. 障害者の就労を阻む壁

　障害者が継続して就労し、地域で自立した生活を送るためには、次の三点が課題である。

　第一に、障害の特性や個性に応じて能力を発揮できる職場環境が整っていないことである。障害者を雇用し、安心して働いてもらうためには、障害の特性に配慮した施設整備が欠かせない。しかし、トイレやスロープ、

エレベーター、休憩室などの施設が障害者の利用を前提とした構造になっていない企業がある。また、障害者の負担軽減につながるテレワーク勤務やフレックスタイム制など柔軟な働き方に対応した内規が整備されていないケースも多い。

第二に、障害者の雇用促進に対する理解が進んでいないことである。障害者が安心して働き続けるためには、職場の同僚や上司がその人の障害特性を十分に理解したうえで、受け入れる部署や仕事の内容などについて配慮する必要がある。しかし、障害についての基礎知識が不足しているために、障害者の受け入れに消極的な企業も少なくない。また、障害者を雇用したものの、どのような配慮が必要かに考えが及ばず、適切なサポートができていないケースも確認されている。

第三に、募集・採用・就労の各段階における行政支援が十分でないことである。障害者の雇用を躊躇する企業も多いが、募集時や採用時など単発的な行政支援にとどまっていることもあり、安定的な雇用にはつながっていない。また、企業が受けたい支援と行政側が提供する支援にミスマッチが生じている。法定雇用率の達成に向けては、これらのミスマッチを解消して継続的な手厚い支援にシフトしていく必要がある。

3. 障害者雇用に本市が果たすべき役割

障害者の安定的な雇用に資するために、本市は次のような方策を実践しなければならない。

第一に、障害者の雇用に配慮した施設と多様な就労形態を用意することである。まず、障害者を雇用する企業が活用する作業マニュアルや作業チェックリストの作成を、専門家の派遣により支援する。また、施設改修の助成制度を拡充するとともに、拡大読書器や読み上げソフトなどの就労支援機器を購入する企業に対する補助制度を新たに創設する。さらには、障害者の能力や適性に見合った業務を見極められるようにするための事例研究会を開催して、企業に対する適切な支援につなげていく。

第二に、障害者雇用に関する啓発活動を積極的に実施することである。障害に対する偏見をなくし、身体・知的・精神という障害の特性について理解を深めてもらうために出前講座を実施する。また、パラリンピック出

場者を招いた講演会を開催して、様々な困難を克服してきた体験を語って
もらう。さらには、市内で雇用される障害者が活躍する姿を紹介する「活
躍事例集」を作成して、市ホームページや広報紙で紹介する。

　第三に、安定的な雇用に向けた切れ目のない支援体制を構築することで
ある。企業が障害者を採用するために実施するインターンシップを、市ホー
ムページや広報紙、公式SNSを活用してPRする。また、特別支援学校と
企業の橋渡しを市が担うとともに、採用選考の際に手話通訳者の人件費を
補助する。さらには、障害者が作った商品をアピールして販売する特設コー
ナーを市役所内に設ける。企業に対する定期的なアンケート調査を行いな
がら、企業が受けたい支援と行政側が提供する支援のミスマッチ解消に努
めていく。

　これらの取組みを進めることにより、障害者の安定的な雇用が促進され、
障害の特性や個性に応じて能力を発揮できる職場環境が整っていく。[※2]

4. 誰一人取り残さない共生社会の実現に向けて

　ノーマライゼーションの理念のもと、誰もがやりがいを持って生き生き
と働くことができる持続可能な地域社会の構築は、行政に課せられた重要
な使命である。このことを念頭に置き、私は障害者の雇用促進と活躍の場
の拡大のために、市政のあらゆる場面で寄与していく覚悟である。そして、
誰一人取り残さない活力に満ちた共生社会が実現して、本市で暮らす障害
者がエネルギッシュに活躍する姿を思い浮かべながら、管理職として日々
精進していく所存である。

※1　国や自治体が関わる不適切な事例を冒頭で紹介し、強い問題意識を
　　　持っていることを採点官にアピールできています。

※2　このように、提示した三つの解決策を実践することによって、どの
　　　ような成果が得られるかを記載すれば、論文に深みが出てきます。

18 男女共同参画の推進
（管理職）

【出題テーマ】

　一人ひとりの住民が能力や個性を十分に発揮し、自らの意志によって社会のあらゆる活動に参画できるようにするためには、男女共同参画社会を実現しなければなりません。そのために、本市はどのような取組みを進めていくべきか、あなたの考えを述べなさい。

◎ **合格論文**　　見識の高さが伝わってくる論文

1. 男女が対等に参画できる社会へ

　「1年も育休をとって何をするの？」。ある男性が育児休業を取得しようとすると、職場で怪訝そうに聞かれたという。この事例は、男性の育児休業取得に対する理解が進んでいないことの証左でもある。[※1]　厚生労働省が2022年に発表したデータによると、男性の育児休業取得率は13.97％という低水準にとどまっている。

　我が国においては、憲法で男女平等を規定しており、男女共同参画社会基本法が男女の人権の尊重をうたっているが、男性優位の社会構造にあって「男は仕事、女は家庭」という性別による固定的な役割分担の意識が未だに根強く残っている。

　人口減少時代の到来や産業構造の変化、家族形態の多様化など、急速な変化を遂げる時代にあって、男女が対等に社会参画して能力や個性を十分に発揮できる男女共同参画社会の実現は、市民の生活の質を高めるためにも喫緊の課題である。

2. 男性優位の社会構造にある障壁

　育児する男性を「イクメン」と呼んでもてはやす風潮もある。しかし、

男性優位の社会構造は変革できておらず、以下のような課題がある。

　第一に、仕事と生活の調和を支える環境の整備が進んでいない。介護や育児と仕事との両立が困難であるという理由から離職する人の大部分は女性であり、継続的な就業が難しい状況である。また、男性が仕事よりも家庭を優先することに対する偏見も根強く残っており、男性が育児に参加することを前提としたインフラ整備も進んでいない。

　第二に、女性のキャリア形成を支援する制度が整っていない。仕事に就いている女性の多くが、仕事と家事・育児・介護との両立に不安を抱いている。このような現状を踏まえ、女性が自らのキャリアプランを描き、能力や個性を活かしながら活躍できるように支援策を充実させる必要がある。

　第三に、固定的な性別役割分担意識を解消できていない。政策・方針決定過程において、指導的地位にある女性の割合は緩やかな増加傾向にあるものの、政府が定める目標の達成には程遠い状況である。女性が政治や経済に参画している程度を示すジェンダー・エンパワーメント（GEM）で、日本は109か国中57位にとどまっている。

3. 男女共同参画で実現する豊かな暮らし

　社会参加の意欲を持つ女性があらゆる分野で活躍し、男性も家事や育児を楽しむことができる社会の実現に向けて、以下の方策を実践していく。

　第一に、ワーク・ライフ・バランスを実現することである。まず、長時間労働の是正や有給休暇の取得促進、男性の育児休業取得率の向上を実現するために、あらゆる機会を捉えて市内企業の経営層に働きかける。また、男性が育児に参加しやすい環境を整備するために、公共施設や交通機関にベビーベッドや授乳室を増やしていく。また、育児や介護との両立支援に取り組む企業向けの相談窓口を開設するとともに、先進的な取組みや支援メニューを掲載した事例集を作成して市ホームページで紹介する。さらに、雇用環境の改善を図るため、次世代育成支援対策推進法に基づく認定を取得した企業の先進事例を紹介する出前講座を実施する。

　第二に、女性のライフコースを踏まえながらキャリア形成を支援することである。まず、女性の就業に直結するリスキリングの機会と場を提供するとともに、リカレント教育を実施する。また、企業内で身近なロールモ

デルとなるような人材を育成して、自らの経験を積極的に発信してもらう。[※2] また、女性が企業の垣根を越えてネットワークを形成できるように連携講座を開催する。さらに、女性活躍優良企業の認定制度を設けて、先進的な取組みを市内外に情報発信していく。

　第三に、男女共同参画を推進するための意識改革を図ることである。育児や介護を理由とした離職を防止し、継続就業ができる職場環境を整備するため、育児・介護休業法の遵守を広く呼びかけていく。また、固定的性別役割分担意識を解消するために、育児休業を取得した男性が育児を楽しんでいる姿を紹介する記事を、多様な媒体で発信する。

　これらの方策を実践していくことで、男女がともに参画することによって生まれる社会的かつ文化的な利益を誰もが享受できるようになる。

4. 持続可能で活力あふれる社会の実現

　一人ひとりが能力と個性を十分に発揮できる男女共同参画社会が実現すれば、仕事と生活が調和した豊かな人生を送ることが可能となり、ひいては持続可能で活力あふれる社会の構築に向けた原動力ともなる。

　私は管理職として、男女が対等なパートナーとして活躍できる職場づくりを進めながら、着実に事業を推進して市民の生活の質を高めていく。

　「1年も育休をとって何をするの？」。男性がこのような質問を受ける風土を変えていけるように力を尽くしていく決意である。[※3]

※1　**インパクト抜群の書き出しです。これは、書き出し三行で採点官の心をつかむことに成功した典型的な事例です。**

※2　**キャリアプランを明確に描きながら活躍している女性の姿を広く発信していくのは、効果的な取組みであり評価できます。**

※3　**「序論」の書き出しと「結論」の決意表明でキャッチボールを成立させており、ストーリー性がある論文に仕上がっています。「キャッチボール技法」を巧みに用いた好事例と言えるでしょう。**

19 住民への情報発信の あり方（管理職）

【出題テーマ】

　住民の価値観やライフスタイルが多様化する中、増大する行政需要に応えていくためには、住民や地域との協働が不可欠です。そのためには、市政の情報が住民や地域に確実に伝わっていなければなりません。このことを踏まえ、市はどのように情報発信をしていくべきか、あなたの考えを論じてください。

◎ 合格論文　論旨明快でテンポよく読める論文

1. 戦略的な情報発信を

　ツイッターでつぶやく。これは、新しい時代の情報発信の手法である。これまで市の広報は、紙媒体である広報紙やインターネット上のホームページに限定されがちであったが、デジタル技術の進歩もあり今やSNSを抜きにして情報発信は語れない時代となった。

　一方で、「35.8%」という数字にも重みがある。これは、本市が月2回発行している広報紙を毎号欠かさずに読んでいる人の割合である。

　自治体間競争が激しくなっている今、全国の自治体はあの手この手を使って地域の魅力を積極的に発信して、子育て世代に転入を促したり、インバウンドの取り込みを図っている。情報発信は広報課に任せておけばいいという時代ではなくなったのだ。

　今こそ、全職員が広報担当という強い自覚と責任を持ち、戦略的な情報発信を仕掛けていかなければならない。

2. 情報がないと市民は動けない[※1]

　必要な情報を確実にわかりやすく伝え、その実効性を高めていくために

は、次のような課題がある。

第一に、情報発信の成果を検証できていないことである。市民に周知したい情報を発信しても、その情報をどれだけの市民が理解し、いかに行動を起こしたかを市は把握できない。広報紙やホームページに依存した一方的な情報発信から脱却するために、有効な改善策を講じる必要がある。

第二に、市の魅力や強みを伝えきれていないことである。本市への転入を促したり、観光客を誘致したりする目的で情報発信する場合は、メインターゲットが市外や海外である。しかし、市民に対する情報発信と明確に区別した情報発信になっていない。また、情報発信する効果的なタイミングがあるにもかかわらず、やみくもに発信していることが多い。

第三に、情報発信が地域課題の解決につながっていないことである。災害時の避難や感染症対策でワクチン接種を促す場合など、市民に行動を起こしてもらうために情報発信する機会は多い。また、防犯や環境などの分野で官民の協働を呼びかけるケースもある。しかし、市民の率先した行動を促すような戦略的な広報となっていない。

3. 情報発信で人を動かす

市民が市政に参画したくなる。市の魅力や強みがターゲットに届く。この二つの目的を達成するために、以下の三点を実践する。[※2]

第一に、情報発信のPDCAサイクルを回すことである。新鮮な情報を確実に届けるだけでなく、その成果を正確に把握して情報発信のあり方を改善していく。まず、重点事業の進捗に応じて情報発信するネタを厳選し、情報の受け手となるメインターゲットを絞り込んでいく。次に、市公式SNSや各種メディアなどの効果的な媒体を組み合わせて発信する。そして、SNSから届く反応やマスコミ担当者からの意見などの定量的・定性的な評価指標から知見を得て、情報発信の成果を検証し、改善を図っていく。これにより、成果を重視した実効性の高い情報発信に進化させていくことができる。

第二に、地域ブランドを強く意識して情報発信することである。「住みやすさ」や「子育てのしやすさ」などを相対的に評価して公表している民間のランキング調査は、本市の魅力や強みが順位に如実に表れているため

大いに活用する。また、本市にはドラマや映画の舞台とされるロケーションが多いため、これらの実績をメディアで効果的に伝えて情報の受け手を惹きつける。さらに、若い世代をメインターゲットにする場合は、SNSを積極的に活用して情報の拡散を図っていく。これにより、市の魅力や強みが伝わりやすくなり、転入者や観光客を呼び込むことができるようになる。

　第三に、地域活動の担い手同士をつなぐことである。誰に何を促すのかという目的を明確にしたうえで発信するネタを厳選し、関連が深い情報と紐付けて伝えていく。例えば、地域が主催するお祭りの情報には地域ごとの軽犯罪の発生履歴や、地域が主体となって実施している防犯パトロールの情報などを紐付けて発信する。これにより、自治会や商店会、PTAなどの活動情報がつながり、連帯意識を醸成することができるだけでなく、情報の受け手が地域活動に参加するきっかけにもなる。

4. 地域課題の着実な解決に向けて

　インターネットが進化した現代社会においては、即時性のある情報発信が可能となり、情報の受け手は欲しい情報や有益な情報を苦労することなく受け取ることができる。このことを念頭に置き、戦略的な広報を展開していくことで、市の認知度が向上し、イメージアップや地域課題の解決にもつながっていく。

　私は管理職として、職員に情報発信の重要性を説き、職員個々の情報発信力に磨きをかけて、実効性の高い情報発信に努めていく。そして、市民と協働しながら地域の課題を解決していく覚悟である。

※1　本文の内容を端的に表現したインパクト抜群の見出しです。ありきたりな見出しを並べている受験者が多い中で、採点官にはキラリと光って見えます。

※2　メリハリがあってわかりやすい良いリード文です。リード文の大切さを認識していない受験者が多いので、これは高評価となります。

20 自治体における危機管理のあり方（管理職）

【出題テーマ】

　近年、我が国においては豪雨による堤防の決壊や土砂災害が発生するなど、自然災害による脅威が高まっています。このことを踏まえ、本市はどのように危機管理をすべきか、あなたの考えを論じなさい。

◎ 合格論文　問題の本質を捉えて筋の通った論文

1. 市民の生命と財産を守るために

　「住民の命を守る」。これは自治体職員に課せられた使命である。そのことを再認識させられる大規模な自然災害が全国的に相次いで発生し、各地に甚大な被害をもたらしている。静岡県熱海市では、令和3年7月の大雨で大規模な土石流が発生し、多くの尊い命が奪われた。

　近年、気候変動に伴って多発している大型台風や局地的な豪雨などにより、堤防が決壊して河川が氾濫するリスクも高まっている。また、首都直下地震の切迫性が指摘されており、市民の生命や財産を守るための危機管理のあり方が改めて問われている。

　今こそ市は、地域防災力を向上させるとともに、危機管理体制の充実・強化を図らなければならない。

2. スピード感を持って解決すべき喫緊の課題

　地域防災力を向上させて尊い命を守るために、市は以下の課題を解決する必要がある。

　第一に、市民との情報共有が徹底されていない。災害が発生した際、市民が迅速かつ適切な行動をとることができなければ、被害を最小限に抑えられない。しかし、河川の水位や避難経路の状況などの命に関わる重要な

情報が、リアルタイムで確実に市民に伝わっているとは言い難い状況である。情報弱者が存在することも念頭に置いて、正しく伝わるわかりやすい情報伝達手段を確保する必要がある。

　第二に、避難所の運営体制が確立していない。過去の災害では、避難所担当職員の参集遅れや人員不足が露呈した。また、避難生活が長期化した場合には、行政主体での運営に限界があることも判明した。このため、自助・共助を基本に「いつ、誰が、何を」行うのかというタイムラインを作成しておく必要がある。

　第三に、災害弱者を守るための役割分担が明確になっていない。高齢者だけの世帯が避難に要する時間は、若い人と同居している場合と比べて2倍近くかかると言われている。自力での避難が困難な障害者や病弱者も存在するため、災害弱者を迅速に避難させるための支援体制を早急に構築する必要がある。

3. 市民を守るために妥協は許されない

　災害が起こると職員やその家族も被災する。このことを念頭に置きながらスピード感を持って、以下の方策を実践する。

　第一に、迅速かつ適切な行動を促すために、情報を共有することである。市民が避難開始のタイミングを逸しないようにするためには、正しい情報を確実に伝達しなければならない。そこで、マスコミや地域FMなどと日頃から信頼関係を構築し、「顔の見える関係」をつくる。平常時においても多様な媒体で防災情報を提供することにより、情報弱者にも滞りなく情報が伝達できる複数のルートを機能させておく。さらに、河川の水位をリアルタイムで確認できるように、市ホームページから監視カメラの映像を提供するとともに、主要な道路の冠水状況なども確認できるようにする。

　第二に、避難所の運営を地域が主体となって行うことである。地震や台風などの災害が発生した際、市民一人ひとりの要望に応える人的資源を市は持ち合わせていない。このため、自助・共助による相互扶助が機能するように避難所の運営を地域に委ねていく。特に、全小中学校を避難所として開設した場合を想定して、自治会や商店会、地元企業などが迅速に避難所の運営に加わることができるように、避難所運営マニュアルに基づく開

設・運営の図上訓練や実地訓練を実施する。また、自主防災組織を中心メンバーとする「避難所運営協議会」を設立し、タイムラインを作成したうえで避難所開設の手順や効率的な運営方法を共有しておく。

　第三に、災害弱者を地域ぐるみで守ることである。災害対策基本法は、災害弱者の避難方法を定める「個別避難計画」の作成を市区町村の努力義務としているが、本市では作成できていない。このため、まずハンディキャップがある人や独居高齢者を速やかに避難所に移動させるための役割分担を明確にする。社会福祉協議会や民生委員・児童委員協議会、福祉団体などを構成員とする行政連絡会議を設置し、災害弱者の安否確認や避難支援を連携して行う体制を構築する。さらに、東京都の「防災隣組認定制度」の認定を受けている団体とパートナーシップ協定を締結して、地域の災害弱者の見守り支援を担ってもらう。

　<u>これらの方策を実践することにより、自助・共助・公助が適時適切に切れ目なく機能するようになり、市職員の多くが被災した場合であっても市民の生命と財産を守ることができる。</u>※

4. 全庁が一丸となって

　令和4年に内閣府が実施した「防災に関する世論調査」では、「台風や大雨情報を意識的に収集するようにしている」と回答した人の割合が、77.2%に達した。また、災害時の被害を少なくするために重点をおくべき対応については、「公助」が9.3%であったのに対し、「自助」は28.5%と大きく上回った。これは、国民の危機管理意識が高まっていることの証左でもあり、地域との連携を進めるチャンスだと捉えることもできる。

　一人ひとりの職員が、市民の生命と財産を守るという使命を強く胸に刻み、地域と連携しながら防災対策を実践することができるように、私は管理職として強いリーダーシップを発揮し、全身全霊を傾ける決意である。

※　**市職員の多くが被災する最悪の事態を想定したうえで、地域防災力を強化するという強い信念が、採点官にしっかりと伝わります。**

21 SDGsの達成と 行政の役割（管理職）

【出題テーマ】

　社会経済状況が大きく変化する激動の時代にあっても、持続的に発展していく地域社会を構築するためには、SDGsの理念を念頭においた行政運営が重要となります。このことを踏まえて、本市はどのような施策を展開すべきか、あなたの考えを述べなさい。

◎ 合格論文　管理職としての気概が伝わってくる論文

1．SDGsで切り拓く明るい未来

　地球規模の気候変動に伴う大規模な自然災害の発生や、新たな感染症の世界的流行など、経済・社会・環境を巡る広範かつ複雑な課題が人類に突き付けられている。こうした中、2015年の国連サミットにおいて全会一致で採択された「持続可能な開発目標（SDGs）」は、誰一人取り残さない社会の実現を目指した2030年までの世界共通の目標である。

　我が国においては、少子高齢化が進展する中、予想をはるかに超えるスピードで人口減少が進んでいく。持続可能な活力と成長力を失うことなく、複雑化・高度化する行政需要に的確かつ迅速に応えていくために、本市はSDGsの理念を基軸として施策を展開していく必要がある。そして、経済・社会・環境の各側面から地域課題にアプローチし、官民連携のもと、明るい未来を切り拓いていかなければならない。

2．ゴールまでの道程に立ちふさがる課題

　持続的に発展していく地域社会を構築するために、本市が解決しなければならない課題は以下の三点である。

　第一に、SDGsの理念を浸透させることができていない。SDGsが掲げ

る17のゴールには、市民にとって生活との関連が理解しづらいものもある。理念だけが先行して市民の主体的な行動が伴わなければ、2030年の目標達成は不可能である。※1 このため、SDGsの理念を市政のあらゆる分野に浸透させ、ゴールを目指して進んでいく機運を醸成する必要がある。

第二に、官民のパートナーシップ構築が道半ばである。これまでも市は、環境や福祉などの事業を官民の連携・協働で推進してきた。しかし、広範な分野に跨がるSDGsを達成するためには、官民のさらなる連携が不可欠である。本市では民間事業者との間で「SDGs政策連携協定」の締結を昨年度から開始したが、現段階における締結実績は3社にとどまっており、市内企業の多数を占める中小企業との連携強化を急ぐ必要がある。

第三に、行動と成果を可視化することができていない。現状では、自らの行動とその成果が定量的・定性的に分析された結果を、市民や事業者がいつでもどこでも確認できるようになっていない。このため、主体的に行動するためのインセンティブが働きづらくなっている。特に、SDGs達成に向けた積極的な姿勢をブランドイメージの向上につなげたい事業者の意図を汲んで、新たな制度を構築する必要がある。

3. 2030年ゴールに向けた戦略的な取組み

2030年のあるべき姿を明確に思い描き、本市は以下の方策を実践するべきである。

第一に、SDGsの理念を浸透させ、目標達成に向けた機運を醸成することである。まず、行政評価の事務事業評価シートにSDGsの169のターゲットとの関わりを明記して、全事業にSDGsの理念を落とし込む。次に、市民生活と17のゴールの関連をわかりやすく図化したうえで、ゴールに向けた行動メニューとチェックリストを作成し、市民に提示していく。日常生活における自らの行動がいかにSDGsと関連が深いかを理解することができれば、参画意欲が高まり行動変容につながっていく。

第二に、官民が緊密に連携し、協働しながら事業を展開することである。まず、市内の民間事業者や地域団体を対象に、本市が策定したSDGs推進計画の説明会や出前講座を開催して、目標を達成するためにはパートナーシップが重要であることを理解してもらう。そのうえで、2030年ゴールに

向けたパートナーシップの証となる「SDGs政策連携協定」を締結する。締結後は、広報紙やホームページなどで事業所名や団体名を公表して市民への周知を図り、経済・社会・環境に関わるあらゆる事業を緊密に連携しながら推進していく。

第三に、行動を継続するためのインセンティブを付与することである。まず、エネルギー使用量から二酸化炭素排出量を算定して、地域ごとの経年変化をGIS（地理情報システム）のマップ上で可視化して公表する。[※2]また、「SDGs政策連携協定」に基づき、市内に本店・支店がある金融機関の協力を得て、SDGs達成に寄与している事業所への融資・資金調達の優遇措置を設ける。

これらの取組みにより、市民・事業者・市が2030年ゴールに向けたロードマップや進捗状況を共有できるようになり、より積極的な行動につながっていく。

4. 市民満足度100%のまちを目指そう

待ったなしで進む気候変動や少子高齢化、人口減少が人類に突き付けてきた課題は、広範かつ複雑であり一刻の猶予も許されない。

2030年までに持続可能な地域社会を構築して、「ずっと住み続けたい」と思う人の割合を100%にする。これが本市の目標であり、その実現のためには、経済・社会・環境という三つの分野に跨がる広範かつ複雑な課題に官民が連携・協働して取り組み、SDGsを達成しなければならない。

私は管理職として、SDGsの理念を基軸に据えて着実に事業を推進し、誰一人取り残さない社会の実現に向けて、強いリーダーシップを発揮していく決意である。市民満足度100%のまちは必ず実現できると信じて。

※1　SDGsに対する市民の理解が進んでいないことを平易な文章で的確に指摘しているため、採点官に好印象を与えます。

※2　気候変動は地球規模の課題であり、対策を講じても成果が見えづらいため、このように地域ごとの成果を可視化するのは妙案です。

22 住民との協働（管理職）

【出題テーマ】

　地方分権の進展に伴い、それぞれの地域の特性を踏まえたうえで、自主性と自立性を高めた地域づくりを行うことが重要になっています。主役である住民の参画意欲を高めながら、その参画を得てまちづくりを推進するために特別区は何をすべきか、あなたの考えを述べなさい。

◎ 合格論文　　自らの体験を盛り込んだ論文

1. 声にならない声を掘り起こす

　自転車で都道を通行していると、歩道がなくなり目の前には80段ほどの階段が立ちはだかった。自転車を持ち上げて斜路のない急な階段を上り下りするか、猛スピードの車に威嚇されながら狭い路肩を走るかの選択を迫るJR跨線橋の出現である。私はその場に呆然と立ち尽くした。このように、現場には区民の声にならない声が潜んでいることが少なくない。

　経常収支比率が80％を超える厳しい財政状況にあっても、区民サービスの質を低下させることは許されない。特別区は多様化する区民ニーズから目を背けることなく、区民の声にならない声を現場で掘り起こしていかなければならない。

　今こそ、地域に暮らす区民の視点に立ち、区民との協働により誰もが住み続けたいと実感できるまちづくりを推進する時である。

2. 縮まらない区民と区政の距離

　特別区は「区民第一」を掲げて、地域に根差した区政運営を実践してきたが、区民と区政の間には一定の距離があり、以下の課題を抱えている。

　第一に、区民と協働するための職員の意識改革が不十分である。窓口や

現場で不当な要求をされた経験がある職員には、「区民は苦情や陳情の源だ」という意識が少なからずあり、率先して地域に飛び込んでいこうとする気概を持ち合わせていない。また、歳入予算の多くが依存財源であることもあり、制度や前例に縛られて未だに国や都のほうを向いて仕事をしている傾向がある。このため、区民を協働のパートナーとして捉えることができていない。

　第二に、協働の仕組みづくりが道半ばである。従来から区は、合意形成のスピードを重視するあまり、自治会を区民の代表機関と位置付けて緊密に連携しながら事業を推進してきた。自治会への依存度が高かったため、区民や地元企業などが区政に参画し、区と協働できる機会が限られており、多様な主体との協働が進んでいない。

　第三に、発信する区政情報が協働を前提としたものになっていない。例えば、行政評価制度における環境施策の活動指標や成果指標には、温室効果ガス削減量を掲げているが、これは公共施設のみを対象としており、家庭や地元企業に率先行動を促すための協働の視点を盛り込むことができていない。

3.　揺るぎない協働体制を構築するために

　区民と手を携えて区民本位のまちづくりを推し進めていくために、以下の方策を実践していく。

　第一に、庁内で協働の機運を醸成する。区民との良好なパートナーシップの形成は、職員一人ひとりが心の壁を取り払い、区民の懐に飛び込んでいこうとすることから始まる。そこで、地域が主催するイベントやお祭りなどに職員を積極的に参加させる。地元を盛り上げるために献身的な活動を続けているキーパーソンの地元愛に触れさせ、その考え方を学ばせる。また、自治会や商店街などの役員と打ち合わせをする際は、可能な限り職員を帯同して地域課題に目を向けさせ、現場で生活者の視点を養っていく。

　これにより、区民と協働することに消極的だった職員の意識改革を図ることができる。

　第二に、協働するためのメニューを増やしていく。まず、区民や地元企業などとの協働を進めることで、より高い成果が見込める事業をリスト化

して庁内で共有する。これをもとに協働推進重点事業を選定し、区側からのアプローチとして係単位で出前講座を実施する。広報紙やホームページで区民に周知して、事業の概要や協働の仕組みなどをわかりやすく説明する。また、協働フェスティバルを開催して、地域団体同士の交流を深めたり情報交換をしたりする機会を提供していく。

このことで、多様な主体が協働メニューを共有できるようになり、横のつながりが広がっていく。

第三に、協働の視点を備えた戦略的な広報を行う。日頃、広聴はがきやホームページで区民から届く意見を読んでいると、区政に参画したいが「方法がわからない」「きっかけがない」という人が多いように感じる。そこで、区ホームページに「協働」のコーナーを設けて協働メニューを紹介し、各事業の進捗状況や参画した区民の感想などを載せて、区政への参画意欲を喚起していく。

これらを実践することで、職員一人ひとりの協働意欲が高まり、区民が区政に参画しやすくなっていく。

4. 地域に飛び込んでいく気概を持って

「住民自治は三つのマンパワーで確立する」。このように言われている。地域をまとめて牽引する住民パワー、住民エゴを抑える学者パワー、さらには誰よりも手を汚して汗をかく行政パワーである。

私は管理職として、職員の先頭に立って三つのマンパワーの発掘・育成に努めるばかりか、自らも率先して地元愛にあふれる行政パワーとなって地域に飛び込んでいく。そして、区民と協働しながら誰もが住み続けたいと実感できるまちづくりに邁進していく覚悟である。

アメリカの経営学者ピーター・ドラッカーは言った。「コミュニケーションで最も大切なことは、言葉にされないことに耳を傾けることだ」と。

自転車を持ち上げて汗だくで上り下りしたJR跨線橋の階段は、そこで暮らす住民の声にならない声を体現しており、今でも私を奮い立たせてくれる。

※　著者が管理職試験の受験にあたって書いた論文です。

23 経営感覚に優れた職員の育成（管理職）

【出題テーマ】
　ライフスタイルの多様化に伴い、区民ニーズは複雑化・高度化しており、今後ますます行政需要が増大する可能性があります。このような中、限られた行政資源を効果的に活用して最大の成果を生み出すことが求められています。このことを踏まえ、経営感覚に優れた職員の育成をどのように進めるのか、あなたの考えを述べなさい。

◎ 合格論文　　金太郎飴からの脱却を図った論文

1. 職員は区民の財産

　カエルを熱いお湯が入った鍋に入れると、とっさにジャンプして鍋から飛び出してしまうという。ところが、水が入った鍋に入れて火にかけると、少しずつ心地よくなって沸騰しても逃げ出さず、やがて死んでしまうというのだ。

　平成初期をピークに税収の落込みが続き、経常収支比率が軒並み80％を超えている「特別区」という名の鍋は、今まさにグツグツと煮立っている状況であるが、その中に安住している職員は少なくないのではないか。

　厳しい財政状況にあっても、特別区は複雑化・高度化する区民ニーズから目を背けることなく、喫緊の課題である少子高齢社会への対応や防災まちづくりなどに行政資源を振り向け、最大の成果を生み出していかなければならない。

　今こそ、「職員は区民の財産」という認識に立って、経営感覚に優れた職員の育成に取り組む時である。誰もが住み続けたいと思える特別区をつくるために、職員の育成は管理職員に課せられた重要な使命である。

2. 固い土に種をまいても育たない

　特別区はこれまで、研修制度の充実や派遣制度の活用などにより、職員の能力開発に努めてきたが、今もなお以下の課題を抱えている。

　第一に、人材育成の機運を醸成できていないことである。期限のある業務が優先されるため、職員の育成は集合研修に依存する傾向にあり、OJTが積極的に実施されているとは言い難い状況である。このため、個々の職員の能力や意欲を踏まえて行う職場での育成が思うように進んでいない。

　第二に、職員の向上心が高まっていないことである。目標による管理や成果主義が職場で徹底されていないため、ルーチンワークに没頭している職員がおり、困難な課題に果敢に挑戦する気概や政策形成過程に参画しようとする意欲が乏しくなっている傾向にある。このため、OJTに取り組んでいる係でも思うように実効性が上がらず、打てば響くような効果的な育成ができていない。

　第三に、職員と地域のつながりが薄いことである。「人がまちをつくり、まちが人を育てる」という言葉があるように、地域に出て積極的に活動し区民との接点を多く持つことが、集合研修やOJTを補完して育成効果を高める。また、変化する区民ニーズを的確に捉えたタイムリーな政策形成は、地域目線の発想なしに実現しない。しかし、多くの職員が持つ「区民は苦情や陳情の源だ」という意識が、地域へのアプローチを閉ざしている。

　このように、職員の成長の芽を育むための土壌が未だ固いため、管理職員が率先してこれを耕していく必要がある。

3. せっせと耕せ、職員が育つ土壌を

　区民の財産としての職員を育て、区民の血税を質の高いサービスとして還元していくために、私は以下の方策を実践する。

　第一に、人材育成に果断に取り組む職場体制をつくる。まず、「育てる側」の意識を変えるために、係長会議に管理職員が参加して、人材育成についての自らの方針を明確に打ち出す。次に、日常業務に没頭してOJTが疎かになることがないように、各係長とともに個々の職員の能力や意欲を把握したうえで丁寧な育成計画を作成する。また、集合研修の年度計画とリンクさせながらOJTの進行管理を行っていく。これにより、人材育成が

自らの重要な役割であることを係長や中堅職員が認識し、OJTを実践できるようになる。

　第二に、職員の意識改革を図り、向上心を喚起する。OJTを実り多きものにするためには、「育てられる側」の意識も重要であるため、若手職員が経験したことのない様々な業務にチャレンジさせる。例えば、これまでは特定の職員が担当してきた行政評価を意識改革の好機と捉えて、全職員に関わらせることで職場に成果主義を浸透させる。また、OJTの一環で議会の常任・特別委員会の雰囲気を体感させ、モラールの向上を図る。これにより、成長のために何かを「与えてもらう」という姿勢から、成長するために自ら何かを「つかみ取る」という姿勢に変えていく。

　第三に、地域の課題にアプローチする習慣をつけさせる。まず、社会奉仕活動や地域イベントなどに職員の参加を促して、コミュニケーション能力や社会貢献意識の向上を図る。次に、住民と首長との意見交換会に職員を帯同してその運営に携わらせることで、地域課題に直接触れさせる。さらには、新規事業の出張広報や重点事業の出前講座を職員の手づくりで実践し、地域課題を解決するための生活者の視点を養っていく。これにより、積極的に地域に出て靴底をすり減らし、区民の生活に寄り添うことができる経営感覚に優れた職員を育成することができる。

4. 区民の血税を還元するための人づくり

　「人は城、人は石垣」。これは武田信玄の言葉である。戦に勝つためには、ヒト・モノ・カネが不可欠であるが、最後に組織の命運を左右するのは「人」だと説いている。ずっと住み続けたい街として区民に選ばれるためには、職員の資質を向上させることが肝要なのだ。私は自らも区民を守る城となり石垣となる覚悟で職員を成長へと導き、質の高いサービスを提供することで区民の血税を還元していく決意である。

　区民の大切な財産を鍋の中で死んでいく茹でガエルにしてはならない。

※　著者が管理職試験の受験にあたって書いた論文です。

　書き上げた論文のレベルをさらに一つ押し上げたい。ライバルたちに差をつけたい。そのように思ったら、いよいよ「三種の神器」の出番です。それは、**「助詞力・語彙力・訴求力」**です。この三つを駆使して一文一文を磨いてください。それでは、「脱炭素社会の実現」というテーマの論文をブラッシュアップした事例をご紹介しましょう。

1．助詞力

　解決策を提示する際、「第一に、環境重視に生活の転換を行うことである。」と書いたとします。意味は通じますが、読後感がスッキリしないのは「助詞力」が低いからです。「第一に、環境重視の生活に転換することである。」とすれば、違和感なくスムーズに読むことができます。

2．語彙力

　問題点を提示する際、「世界へと目を向けた際には、気候変動から発生する貧困と飢餓が人々を苦しめていることに気づかされることとなる。」と書いたとします。これを、「いざ世界に目を向けてみると、気候変動から派生する貧困や飢餓が人々を苦しめている現実を目の当たりにさせられる。」とすれば、文章にツヤが出て「語彙力」の高さが際立ちます。

3．訴求力

　４章構成の第３章で「3．脱炭素化に向けて行政が担うべき役割」という見出しを掲げたとします。これでは、ありきたりで「訴求力」がありませんので、「3．脱炭素化実現に向けた果断なる行動変容を」と力強く表現します。

　このように「三種の神器」を駆使して光る論文に仕上げ、その他大勢のグループから一歩抜け出しましょう。

● 著者紹介

工藤 勝己 （くどう・かつみ）

葛飾区総務部総合庁舎整備担当部長。1985年運輸省（現・国土交通省）入省、港湾施設の地震防災に関する技術的研究に従事。その後、1989年葛飾区役所入庁。東京都庁派遣、特別区人事委員会事務局試験研究室主査、区画整理課長、道路建設課長、立石・鉄道立体担当課長、立石駅北街づくり担当課長、都市整備部参事を経て、2022年より現職。道路及び下水道施設の整備、橋梁の架替え、土地区画整理事業、都市計画道路事業、連続立体交差事業、市街地再開発事業に携わる。

また、特別区職員採用試験及び特別区管理職試験の問題作成・採点・面接委員、昇任試験の論文採点、実務研修「文章の磨き方」の講師を務める。技術士（建設部門）、技術士（総合技術監理部門）、土地区画整理士。著書に『一発OK！誰もが納得！公務員の伝わる文章教室』『住民・上司・議会に響く！公務員の心をつかむ文章講座』（ともに学陽書房）がある。

一発で受かる！ 最短で書ける！
昇任試験　合格論文の極意

2023年7月26日　初版発行
2024年8月21日　2刷発行

　　著　者　工藤　勝己 （くどう　かつみ）

　　発行者　佐久間重嘉

　　発行所　学 陽 書 房

　　　　　　〒102-0072　東京都千代田区飯田橋1-9-3
　　　　　　営業部／電話　03-3261-1111　FAX　03-5211-3300
　　　　　　編集部／電話　03-3261-1112
　　　　　　http://www.gakuyo.co.jp/

　　ブックデザイン／渡邉雄哉（LIKE A DESIGN）
　　DTP製作・印刷／精文堂印刷　製本／東京美術紙工

公務員の文章力が
確実にアップする二冊

一発OK！誰もが納得！

公務員の伝わる文章教室

現役管理職が教える一生モノの"書く"スキル！国・自治体でやり取りされる文書のリアルな例文を紹介しながら、問題点を指摘し、わかりやすく解説。文章力を高めたい若手から、昇任を目指す中堅、部下を指導する係長・課長まで世代・役職を超えて役立つ！

工藤勝己［著］

四六判並製／定価＝1,980円（10％税込）

住民・上司・議会に響く！

公務員の心をつかむ文章講座

どんな部署でも必ず役立つ、相手を"動かす"文章のコツ！　広報紙・HP等に載せる住民向けのメッセージから、新規事業を企画立案する際の起案文、さらには議会答弁書まで、読み手の心をつかむための文章術をわかりやすく解説。行動経済学を取り入れた文章の書き方が身につく！

工藤勝己［著］

四六判並製／定価＝1,980円（10％税込）